N
O
S
MELT!
SZIGET
DIMENSIONS
FESTI-
VAL
Party

VON STEVAN PAUL UND DANIELA HAUG

OPEN AIR

DAS FESTIVAL- & CAMPING-KOCHBUCH

VON STEVAN PAUL UND DANIELA HAUG

OPEN

DAS
FESTIVAL- & CAMPING-
KOCHBUCH

AIR

Brandstätter

VON STEVAN PAUL UND DANIELA HAUG

OPEN AIR

DAS FESTIVAL- & CAMPING-KOCHBUCH

Raus aus dem Alltag und rein ins Abenteuer: für ein paar Tage unter freiem Himmel leben, draußen feiern, kochen, entspannen.

Die Ruhe genießen an einem See, in den Bergen, am Strand – oder die Musik, den Lärm und die Lebensfreude auf einem Musikfestival …

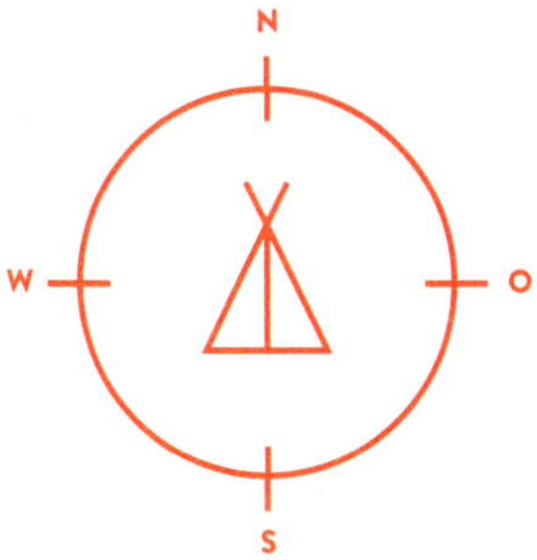

VORWORT

Dieser Moment: die Nacht noch kühl in Königsblau, am Ende der Straße kündet ein Streifen in Rot und Orange vom kommenden Sommertag, die letzten Taschen, Kisten und Boxen sind im Bus verstaut, alle da und Türen zu, die Musik geht an und los! Rauf auf die Straße, raus aus dem Alltag und rein ins Abenteuer. Unterwegs sein, auf Reisen, der Weg ist das Ziel und das Ziel ist die Freiheit, für ein paar Tage ein anderes Leben zu leben, ein Leben unter freiem Himmel, draußen feiern, kochen, entspannen, mit Zelt und Rucksack, mit Bus, Camper oder Wohnwagen. Die Ruhe genießen an einem See, in den Bergen, am Strand – oder die Musik, den Lärm und die Lebensfreude auf einem Musikfestival. Egal wo und wie, einfach mal: rauskommen.

Schon als Kind war ich mit Eltern und Geschwistern gerne auf großer Fahrt mit dem Campingbus, später entdeckte ich Open-Air-Festivals als ideale Auszeit zwischen Arbeit und dem nächsten Urlaub, kleine Fluchten mit Lieblingsmenschen, Zelt und Campingkocher. Seit vielen Jahren fahre ich regelmäßig auf Festivals, und nur ein Umstand trübte anfangs die gute Stimmung: das schlechte Essen. Dosenfutter, Tütensuppen, verbrannte Würstchen vom Einweggrill, fettiges Fastfood vom Festivalgelände.

Aus Notwehr, schließlich bin ich gelernter Koch, entwickelte ich meine Festival- und Campingküche, um den Beweis anzutreten, dass es auch unterwegs, mit Grill und Gaskocher, nicht zur kulinarischen Komplettverwahrlosung kommen muss. Ganz im Gegenteil: Mit etwas Vorbereitung, den richtigen Rezepten, Tricks und Kniffen, macht die Open-Air-Küche mühelos Spaß und die schönste Zeit des Jahres wird auch kulinarisch zum Vergnügen.

Dieses Buch versammelt meine Erfahrungen aus bislang 20 Jahren Campingküche: mit stärkenden Frühstücksideen für den Start in den Tag, über schnelle Snacks und hausgemachte „Fertiggerichte“ bis hin zu ausgedehnten Grillpartys auf dem Campingplatz und handfesten Mahlzeiten für den ganz großen Hunger. Alles ist selbstgemacht. Das tut gut und schmeckt gut. Packlisten und Anleitungen helfen bei der Vorbereitung und individuellen Planung der nächsten Tour.

In sechs Wissenskapiteln geht es unter anderem um die sinnvolle Outdoorküchen-Ausstattung, spezielle Kühltechniken werden erklärt und der richtige Umgang mit Gaskocher und Grill. Über 100 Rezepte für jede Ausstattung und Gelegenheit finden sich im Buch, immer ist auf einen Blick zu erkennen, was gut vorbereitet werden kann und was schnell frisch zubereitet ist. Viele Rezepte sind zudem mit Tipps zu Haltbarmachung, Transport und Lagerung versehen, zu zahlreichen Rezepten mit Fisch und Fleisch gibt es vegetarische und/oder vegane Alternativen.

Vor allem aber wurden alle Rezepte und Tricks im harten Realitätstest auf ihre Camping-Tauglichkeit geprüft! Einen ganzen Sommer lang waren Fotografin Daniela Haug und ich unterwegs: Wir sind mit VW-Bus, Zelt, Campingkocher und Grill einmal quer durch Europa gefahren, haben sechs der schönsten Musik-Festivals in fünf Ländern besucht und überall open air gekocht. Mit alten und neuen Freunden, mit Musikern und Künstlern. Vom Roskilde-Festival in Dänemark bis zum Dimensions-Festival am Meeresstrand von Kroatien waren wir unterwegs, sahen in die Töpfe und Garküchen von Festivalköchen und Zeltnachbarn, ließen uns Rezepte verraten und Lebensgeschichten erzählen. Wir probierten senegalesisches Chicken Yassa und jamaikanisches Jerk Chicken beim Summerjam, aßen scharfe Gulaschsuppe beim Sziget-Festival in Budapest, sahen dem Backstage-Koch beim Acoustic Lakeside in Österreich über die Schulter und haben auf dem Melt!-Festival eine große Grillparty gegeben.

Bunt und fröhlich wie unsere Reise selbst ist dieses Buch geworden, geprägt von der Lebensfreude der Menschen die wir trafen, erfüllt von der Musik, zu der wir kochten, tanzten und feierten. Unser Kochbuch wendet sich aber nicht ausschließlich an Festivalbesucher. Dieses Buch ist für alle, die unterwegs und draußen sind, mit dem Rucksack, dem Zelt, dem Bus oder dem Campingmobil:

Dieses Buch ist für euch.
Das ist eure Zeit, das wird euer Sommer!
Kommt gut hin, kommt gut weg!

Stevan Paul

2015

OPEN-AIR-INFOS AUF EINEN BLICK!

Um euch die Reisevorbereitungen, die Planung und das Kochen unterwegs so einfach wie möglich zu machen, zeigen Symbole zu jedem Rezept auf einen Blick, was geboten ist. So wird sofort klar, wohin die Reise geht. Und das bedeuten die Symbole:

BEIM REZEPT:

Die BOX signalisiert, dass sich dieses Gericht gut zuhause vorbereiten lässt.

Das GASKOCHER-Symbol zeichnet Gerichte aus, die sich ganz einfach direkt vor Ort und auf dem Gaskocher zubereiten lassen.

Der GRILL steht für Rezepte vom Grill und alles, was zur Grill-Party schmeckt.

Die Kombination von Box und Gaskocher oder Box und Grill findet sich bei Rezepten, die sich gut zuhause vorbereiten und unterwegs unkompliziert finalisieren lassen.

Die SONNE symbolisiert, dass das Rezept besonders gut vor Ort open air zuzubereiten ist. Auch ohne Grill oder Kocher.

Wenn das zarte Pflänzchen sprießt, ist das ein Zeichen dafür, dass das zugehörige Rezept VEGETARISCH ist.

In der zweiblättrigen Version zeichnet unser Pflänzchen VEGANE Rezepte aus.

Unter dem Bus-Symbol findet sich Wissenswertes zu TRANSPORT, LAGERUNG UND HALTBARKEIT der Zutaten und Gerichte.

Wo der Diamant funkelt, wird es edel: Er steht für TIPPS, TRICKS UND ALTERNATIVEN, vor allem, um unkomplizierte Basis-Rezepte aufzuwerten; aber auch für Hinweise auf besonders gut passende Beilagen, die das Gericht zum perfekten Genuss werden lassen.

Das Notenzeichen bzw. die hochgestellten Ziffern signalisieren, dass es sich bei dem Text um ein ZITAT handelt. Die entsprechenden Quellen dazu findet ihr auf Seite 220.

LOS GEHT'S

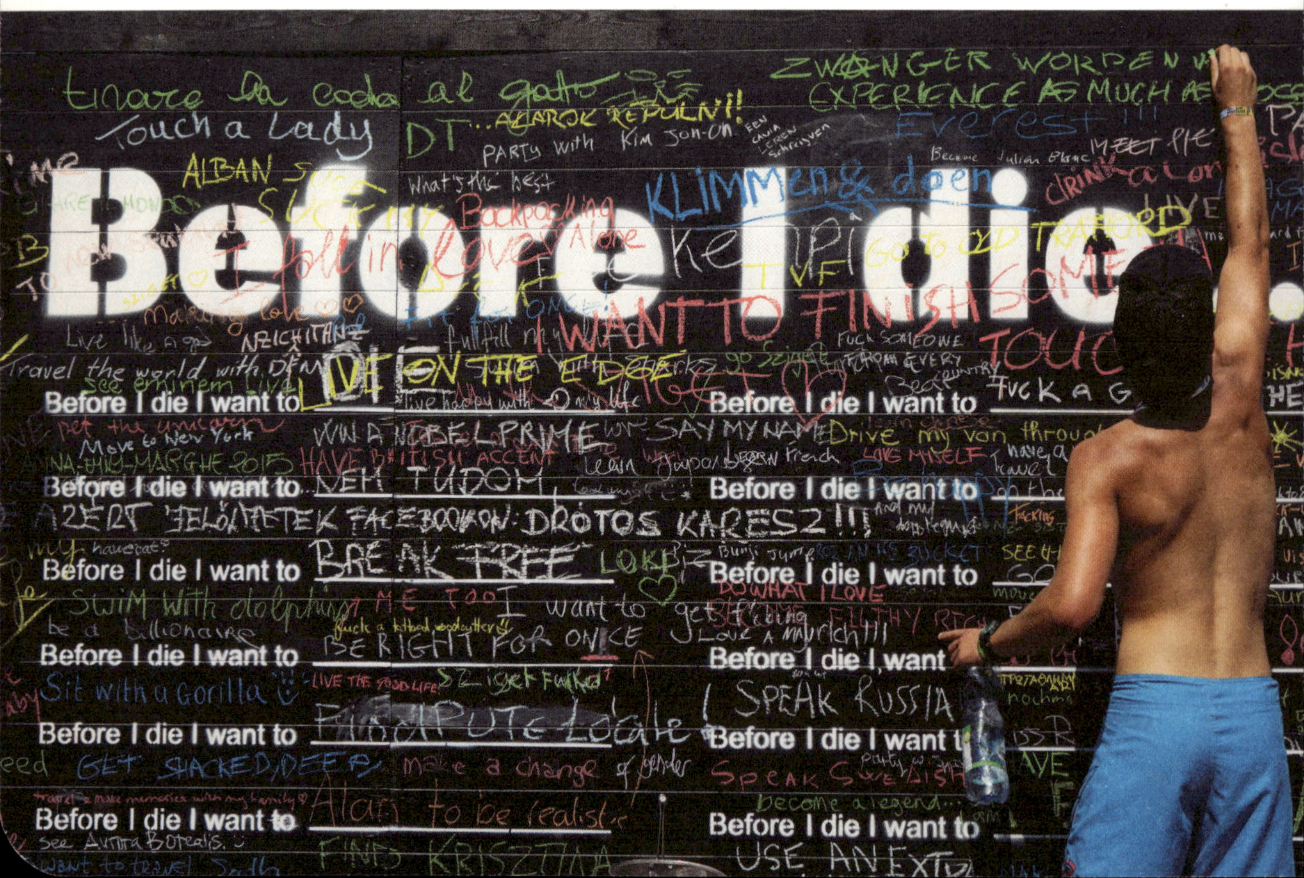
Before I die...
Touch a Lady
EXPERIENCE AS MUCH
Everest !!!
KLIMMEN & doen
Backpacking Alone
I WANT TO FINISH
LIVE ON THE EDGE
Before I die I want to
Travel the world
Before I die I want to
Drive my van
Move to New York
Before I die I want to
Before I die I want to
DRÓTOS KARESZ !!!
Before I die I want to
BREAK FREE
Before I die I want to
DO WHAT I LOVE
Before I die I want to
Swim with dolphins
BE RIGHT FOR ONCE
Before I die, want
Sit with a Gorilla
SPEAK RUSSIA
Before I die I want to
Before I die I want t
make a change
Speak Swedish
Before I die I want to
to be realistic
become a legend
Before I die I want to
See Aurora Borealis
USE AN EXTRA

Erlend

MELT!

RICHTIG PACKEN, BESSER PACKEN

Also hau' ich ab mit Sack und Pack, und pack ein paar meiner Siebensachen, die ich hab, und dann wird mir klar, es fehlt immer ein Stück, doch ich mach' mir nichts draus, setz' den Wagen zurück und bin raus.[1]

THOMAS D. „RÜCKENWIND"

Bevor es auf die Reise geht, ist Packen angesagt. Vieles will überlegt sein: Wie lange sind wir unterwegs, welche Klamotten und wie viele Schuhe brauche ich (wirklich), wer nimmt was mit (eine Sonnencreme für alle!) und nicht zuletzt: Was wollen wir kochen und was brauchen wir dafür an Zutaten und Equipment.

DIE LISTE

Los geht es mit: der Liste! Die Liste ist im Laufe der Jahre entstanden und hat sich bewährt. Sie ist relativ umfangreich bis vollständig und geht vor jeder Reise an alle Camper und Mitreisenden, die dann ganz individuell, nach persönlichen Vorlieben und Schwerpunkten, ihre Rucksäcke und Koffer packen:

DIE Liste:

- Tickets, Festivalpass
- Personalausweis
- Wagenpapiere/Führerschein
- EC-Karte/Kreditkarte
- Geld (kleines Startkapital in der Landeswährung, bis der erste Geldautomat gefunden ist!)
- Handy (aufgeladen) + Ladegerät(e)
- Verbandskasten oder kleine „Erste Hilfe"
- Schmerztabletten, Medizin, Pflaster
- Vitamine
- Oropax
- Taschentücher
- Sonnencreme
- After-Sun-Creme
- Sonnenbrille
- Sonnenhut
- Hüftbeutel
- Brille, Kontaktlinsen, Reinigungsmittel
- Klamotten
- Badeanzug/Schwimmhose
- Schuhe, Flipflops, Gummistiefel
- Handtücher, Badetücher
- individuelle Körperpflege („Kulturbeutel")
- Toilettenpapier
- Luftmatratze
- Schlafsack od. Schlafzeug
- Regenzeug
- Taschenlampe (Batterien!)
- Lampe
- Glühstrümpfe
- Kerzen
- Fackeln (evtl.)
- Musik, Boombox, Batterien
- Fotoapparat
- Spaß: Seifenblasen, Konfettikanone … ihr wisst schon

DER PROVIANTMEISTER

Jetzt kommt die Liste für den Proviantmeister. Den solltet ihr möglichst früh bestimmen: Der Proviantmeister hat bestenfalls Spaß am Kochen, ist ein Organisationstalent und scheut keinerlei Mehrarbeit zum Wohle der Truppe. Er ist ein kühler Rechner und Kalkulator, flexibel und kreativ wie MacGyver. Er ist **euer Küchenchef**. Im Vorfeld könnt ihr besprechen, was es zu essen geben soll, gemeinsam planen, ausmachen, wer was kocht und vorbereitet – der Proviantmeister hat den Überblick, sorgt für den Einkauf und die Grundküchenausstattung, auf dem Campingplatz und dem Festivalgelände koordiniert er die Speisung der Truppe. Es ist eine ehrenvolle Aufgabe. Es ist eine Menge Arbeit. **Liebt euren Proviantmeister!**
Hier ist seine Liste.

Proviantmeisters Liste:

- Kocher
- Kochgeschirr (Pfannen und Töpfe)
- Gaskartuschen
- Streichhölzer/ Feuerzeug
- Grill
- Grillkohle
- Anzünder
- Kühlelemente
- Kühltasche
- Messer
- Schneidbrett
- Sparschäler
- Korkenzieher
- Dosenöffner
- Suppenkelle/Kochlöffel
- Müllbeutel
- Grillzange
- Schaschlikspieße
- Küchenpapier
- Geschirrtücher
- Spülmittel (je nach Reisedauer in ein fest verschließbares kleines Gläschen abgefüllt)
- Salz
- Pfeffer
- Zucker

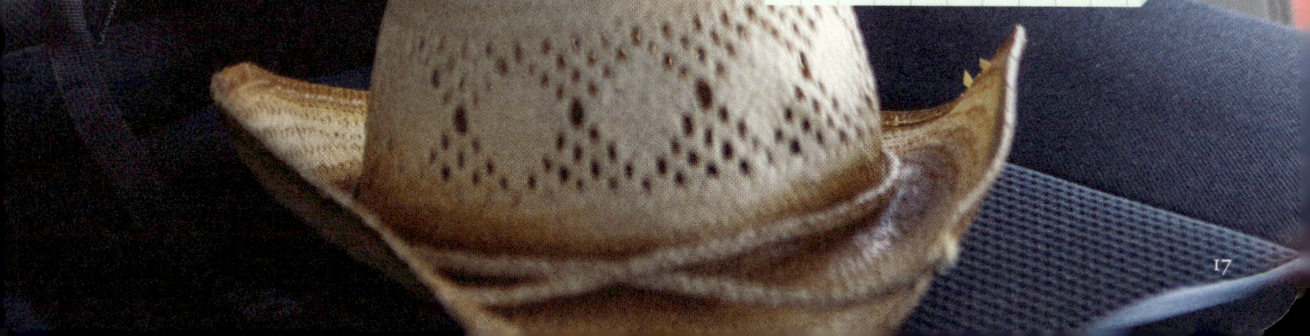

UND WAS GIBT'S ZU ESSEN?

Das entscheidet ihr am besten gemeinsam. Im Buch finden sich viele Ideen und Rezepte für jede Gelegenheit und jedes Budget. Sinnvoll ist auf jeden Fall eine Grundausstattung für die Campingküche:

Grundausstattung für die Campingküche:

- Olivenöl/Öl (in eine gut verschließbare Flasche abfüllen, am besten aus Metall oder Weißblech und in kleiner Größe)
- ein Stück Butter (kühl auf die Reise schicken)
- Salz
- Chiliflocken, Pulbiber, Piment D'Espelette
- Zucker (im Zipper-Beutel oder kleinen Dosen)
- Gewürze in Leichtverpackungen
- Knoblauch
- Zitrone (für die sauren Momente beim Kochen)

Wer gut vorausplant, kauft und plant nach Rezept. Immer dabei sein sollten:

- Espressokocher/Kaffeezubereiter und Filter
- Kaffee, gemahlen, Espresso, gemahlen
- Brot
- Knabberkram
- Süßigkeiten, Kekse (wärmeresistent!)
- H-Milch
- Wasser, mit und ohne Sprudel (s. auch „Kühlen"!)
- Limonaden (Info s. S. 190/191; Rezepte s. S. 194 ff.)
- Bier, Wein, Sekt (Info S. 190/191)

GESCHIRR

Die Spülmöglichkeiten an der Destination solltet ihr vorab checken – vor allem aber auch, ob ihr wirklich Lust habt, zu spülen. Wenn nicht, ist Einweggeschirr eine gute Sache. Das gibt es mittlerweile auch in Hübsch und vor allem umweltverträglich mit formschönem **Einweggeschirr aus schnell und komplett abbaubaren, nachwachsenden Naturstoffen**. Wer den Gang zur Spüle nicht scheut, kann leichtes, buntes und beinahe **unkaputtbares Melamingeschirr** mitnehmen oder **klassisches Campinggeschirr**. Servietten nicht vergessen und vielleicht eine Tischdecke aus Papier? So geht Camping mit Stil!

HILFREICHE VERPACKUNGSTRICKS

Es geht ums Gewicht. Leicht sollten die Verpackungen sein, die der Proviantmeister für seine portable Speisekammer nutzt. Ich habe sehr gute Erfahrung mit **wiederverschließbaren Zipper-Beuteln** in verschiedenen Größen gemacht. Sie eignen sich besonders für „Trockenfutter" wie Nüsse, Röstzwiebeln, Studentenfutter (S. 172), Müsli (S. 32), Mehl, Zucker, Astronautennahrung (S. 156 ff.) und Knabberkram jeder Art. Die Beutel sind leicht, lassen sich gut übereinander stapeln und passen in jeden Rucksack.

Auch „feuchte" Speisen lassen sich gut in Zipper-Beuteln auf Reisen schicken und sogar **einfrieren**. Der Clou: Mithilfe eines Strohhalms kann man **ein Vakuum** erzeugen, für noch mehr platzsparende Haltbarkeit. Dafür die Speise in den Beutel füllen und leicht flach drücken. Jetzt den Strohhalm an einer Ecke des Beutels einführen, so dass die Speise nicht berührt wird. Den Zipper-Beutel bis zum Strohhalm verschließen, der Strohhalm ist quasi eingeklemmt. Am Strohhalm saugen, bis die Luft vollständig aus dem Beutel entwichen ist. Strohhalm rasch herausziehen und gleichzeitig schnell den Beutel verschließen.

Sehr nützlich auf Reisen sind auch Kleinstabfüllungen verschiedener Zutaten in **Portions-Dosen**. Wer vorab überlegt, wie viel Marmelade, Ketchup, Brühpulver, Zucker oder Reibekäse gebraucht wird, erspart sich das Mitschleppen ganzer Packungen und Gläser. Bestenfalls bleibt so auch nichts übrig, nichts wird weggeworfen. Auf diese Art kann man zusätzlich ein paar schöne Extras mitnehmen wie Kapern, eine besondere Konfitüre, verschiedene Sorten Senf etc.

DIE SACHE MIT DER KÜHLUNG – TRINKBARE KÜHLELEMENTE

Ich behaupte seit vielen Jahren, der Erfinder der **trinkbaren Kühlelemente** zu sein. Zumindest habe ich meine so schlichte wie gute Idee bislang auf keinem Festival oder Campingplatz gesehen. Wir hatten im Vorfeld viel experimentiert, mit Kühl-Akkus (vergesst es), mit teurem Trockeneis (der Hulk unter den Kühlmöglichkeiten), mit Eis und Crushed Eis (vergehen schneller als die Zeit auf einem Festival). Basis waren immer Styroporboxen, die wir im Großhandel für kleines Geld erwarben. Teure Styroporboxen halten länger, auch die Kälte. Mittlerweile haben wir eine große stabile Kühlbox. Wenn die nur wenig und kontrolliert geöffnet wird, funktioniert sie fast wie ein leistungsstarker Kühlschrank, die Lebensmittel bleiben über Tage eiskalt.

Doch die Boxen sind allesamt nur so gut wie die verwendeten Kühlmittel. Ich war es irgendwann leid, diese kleinen, dünnen und leistungsschwachen Gefrier-Kühlelemente durchs Land zu fahren, und begann mit Tetrapacks und Mehrweg-Wasserflaschen aus Plastik zu experimentieren. Denn auch Wasser wird ja gebraucht und muss mitgeschleppt werden: Warum nicht zwei Fliegen mit eine Klatsche schlagen? Schnell waren die Flaschen und Tetrapacks eingefroren – und leckten schrecklich im ersten Jahr. Ich hatte wohl im Physikunterricht nicht aufgepasst und musste lernen, dass sich Wasser ausdehnt, wenn es gefriert. Im nächsten Jahr war ich schlauer und entnahm jeder Flasche vorher zwei, drei Schluck Wasser. Wieder zugedreht und so eingefroren wurden sie plötzlich zu **wirklich dicken, eiskalten Kühlelementen**, die in den Boxen nur langsam schmolzen, unseren Proviant über Tage kalt hielten – und uns nebenbei mit **kühlem Trinkwasser** erfrischten.

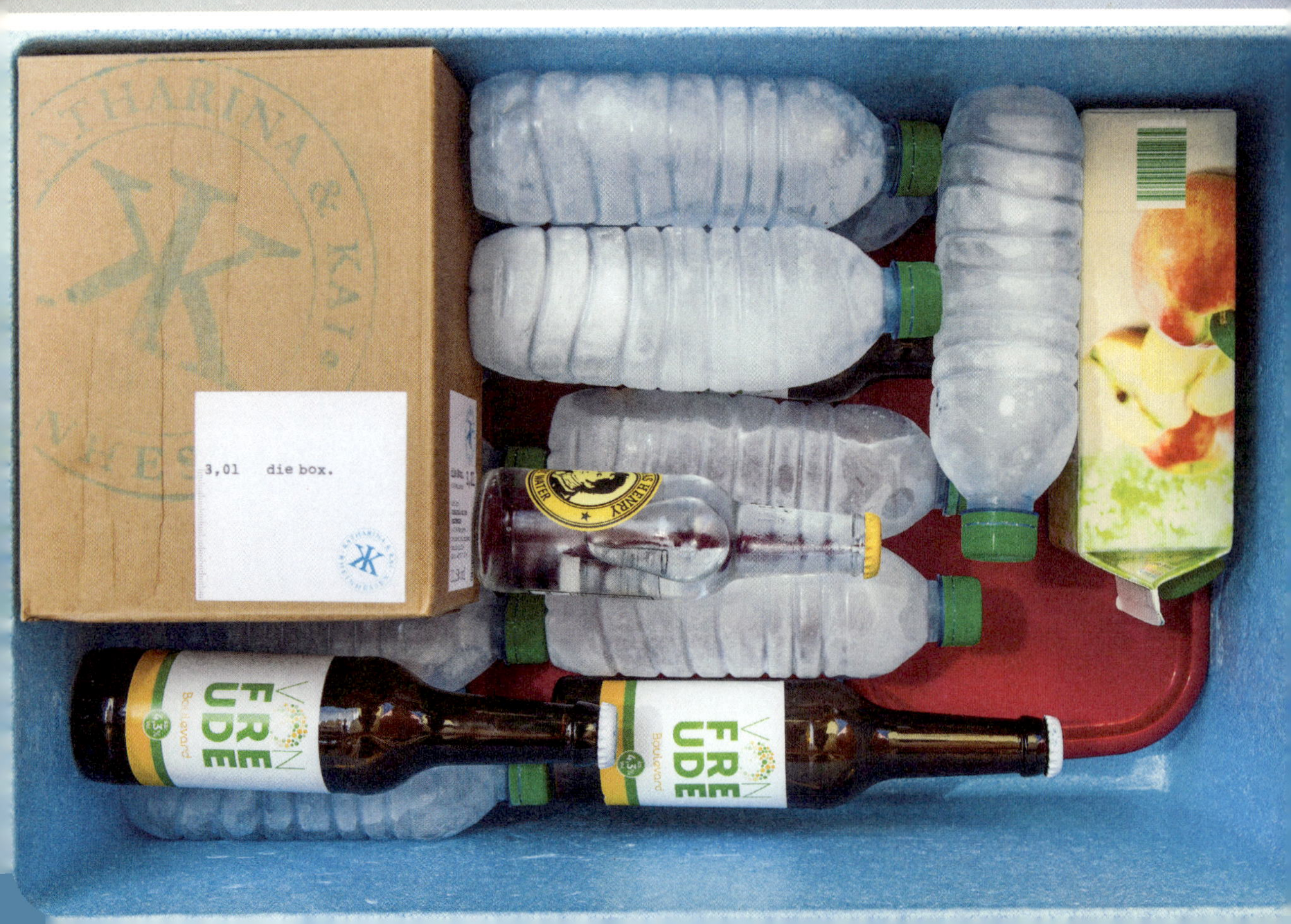
3,0l die box.
FRE
UDE
Boulevard

DAS SCHICHTSYSTEM

Schnell entdeckte ich, dass man den Kühleffekt noch weiter verstärken kann, wenn man zusätzlich auch **möglichst viele Speisen und Proviant einfriert und sinnvoll schichtet**. Mit der Zeit entwickelte ich ein eigenes Schichtsystem für die Boxen: unten eine Lage gefrorene Trinkflaschen, darauf große Frischhalte-Behälter mit vorgekochten und gefrorenen Eintöpfen (S. 144 ff.). Darauf dann vakkumierte und verpackte Speisen, Grillfleisch, Würstchen, Käse etc., darauf wieder eine Schicht gefrorene Trinkwasserflaschen. Auf diese Weise hält alles mehrere Tage kalt. Die Eintöpfe tauen nur sehr langsam und sind am dritten oder vierten Tag einer Reise oder eines Festivals ein willkommenes Kräfteessen. Die Schichtung endet immer mit einer Schicht gefrorener Flaschen obenauf, denn Kälte sinkt nach unten. Da habe ich dann doch mal aufgepasst, im Physikunterricht.

Durch die gute Kühlung und das Schichtsystem gibt es auch ohne Campingmobil-Kühlschrank ganz neue Möglichkeiten in der Unterwegsküche. Ich mache jetzt auch Fischgerichte (S. 73, S. 96, S. 99). Den Fisch nehme ich gefroren im Schichtsystem mit, ebenso hausgemachte Burger, roh und gefroren. Auch Grillbutter und normale Butter kommt gefroren im Schichtsystem mit auf die Reise. Und wenn mal etwas schnell auftauen soll: einfach kurz an die Sonne stellen.

Getränke im Schichtsystem:

Ins Schichtsystem lassen sich natürlich auch Getränke integrieren bzw. empfiehlt sich je nach Platz und Reisemöglichkeit für Familien und größere Reisegruppen eine zweite Box für Getränke. Auch hier sorgen gefrorene Trinkwasserflaschen und großformatige Frischhaltebehälter mit Eintöpfen für eine lang anhaltende Grundkühlung. Dazwischen wird geschichtet: Flaschen oder Dosen jeder Art, Bier, Säfte und gerne auch ein guter Schlauchwein im Karton! Achtung: **Die Getränke selbst sollten vor dem Schichten bereits sehr gut gekühlt sein!**

TIPPs:

- Ihr braucht zuhause Platz im Tiefkühler! Eine gute Gelegenheit, die alten Bestände im ewigen Eis aufzutauen und aufzuessen. Mit etwas Vorlauf zur Reise schafft man so Platz für die trinkbaren Kühlelemente, die für den Camping-Aufenthalt benötigt werden.
- Besonders ältere Tiefkühler-Modelle sind oft überfordert, wenn auf einen Schlag eine ganze Ladung Trinkwasserflaschen gefroren werden soll. Es kann bis zu zwei Tage dauern, ehe die Flaschen komplett durchgefroren sind.
- Nicht vergessen: vor dem Einfrieren 2–3 gute Schluck Wasser aus jeder Wasserflasche entnehmen und die Flaschen dann wieder fest verschließen.

rice
PAP✲
STAR

ANKERKRAUT

*

Auf einen Blick

Alles was in Küche und Service gebraucht werden könnte. Die Packlisten auf den Seiten 17 und 18 sind ebenfalls hilfreich. Am Ende zählt aber vor allem: Was brauchen wir wirklich, worauf wollen wir nicht verzichten.

LET'S PARTY FOR A BETTER WORLD ...

ROSKILDE-FESTIVAL · NON PROFIT SINCE 1972 ·

ROSKILDE

Rock, Pop, Hip-Hop, Rap, Metal, Jazz, Ska, Reggae, Singer-Songwriter, Country, Blues, Techno, Electro, Wave & New Wave, Punk & Funk und Rock n' Roll!

LAGE: *Roskilde, Dänemark*
TEILNEHMER: *~135.000*
DAUER: *8 Tage*
BANDS: *~175*

DÄNEMARK

ROSKILDE FESTIVAL

DER NORDEN FEIERT HART – NON-PROFIT UND MIT VIELEN GUTEN IDEEN

DREAM CITY

ROSKILDE

Die Mutter aller Festivals, hier oben im Norden wird seit 1971 (ehren-)amtlich gefeiert – ganz besonders das Leben und jede Art von Musik!

Ein frischer Nordwind weht über die frühsommerlich grünen Wiesen hinter uns, weit und flach und unberührt präsentiert sich das Land. Vor uns durchschneidet eine meterhohe Wand aus schwarzer Folie das Panorama, getragen von Holzpfählen, gestützt von nervösen Security-Mitarbeitern in leuchtenden Warnwesten. Von der anderen Seite der Folie dringen Lärmen und Grollen, Musik, Gesänge, (Schlacht-)Rufe, es wird gedrückt und gedrängelt. Erste Risse in der Folie, einzelne Gesichter, Arme, Füße, ein Countdown von irgendwo und dann fällt die Mauer, zerfetzt die Folie und da stehen Tausende, beladen mit Zelten und Rucksäcken und beginnen zu rennen, mit Sack und Pack, ein nicht enden wollender Strom, ein Heer von Menschen erobert sich die Wiesen des Festivals. Nach 30 Minuten erstreckt sich eine gigantische Zeltstadt bis zum Horizont.

Mit der traditionellen Erstürmung des Geländes beginnt jedes Jahr das wohl älteste und eines der größten Festivals in Europa, herzlich willkommen in Roskilde, Dänemark. Seit 1971 spielt hier die Musik. Von Anfang an war es eine Non-Profit-Veranstaltung, die erwirtschafteten Gewinne gehen bis heute an gemeinnützige, kulturelle oder humanitäre Hilfsorganisationen und Projekte. Getragen wird diese Idee von mittlerweile über 30.000 (!) ehrenamtlichen Mitarbeitern, die den über 100.000 Besuchern mehr als ein Festival bescheren: Roskilde ist ein Ereignis, ein achttägiges Happening, ein Paralleluniversum aus Musik, Kunst und Performance, interdisziplinär, politisch – eine Riesenparty!

In den Wochen vor dem Festival entstehen aus Pressholzplatten, Farbe und Kreativität ganze Städte auf dem Gelände. Die Bewohner sind so freundlich wie international, hier wird hart gefeiert, diskutiert und gelebt. Den Soundtrack dazu liefern um die 170 Bands auf acht Bühnen und die unzähligen liebevoll zusammengeleimten Soundsysteme der Besucher. Jede(r) ist ein DJ. Es gibt eine Art Zone, Debattierclubs, Future-Foren, ein Late Night Cinema, einen Skatepark, einen Food Court, Street Dinners und Supper Clubs – Roskilde ist mehr als ein Festival und das Publikum bunter gemischt als irgendwo sonst auf unserer Reise.

Roskilde ist für alle da und darum gibt es auch zwei zentral gelegene Handicap-Campingplätze mit behindertengerechten Duschen und Toiletten. In Roskilde ist eben alles ganz besonders gut durchdacht. Dazu gehören auch ein bemerkenswertes Pfandsystem, das erheblich zur Grundsauberkeit beiträgt und ein Food-Leftover-Programm, bei dem im vergangenen Jahr fast 85.000 „übrige" Mahlzeiten an Bedürftige weitergereicht wurden statt in der Tonne zu landen. Auf dem Gelände gibt es einen Supermarkt wie auch viele sogenannten „Fire Rings", öffentliche Kochareale, die zum gemeinschaftlichen Grillen und Genießen einladen. Gestärkt geht es dann weiter im Programm – und Paaaaarty!

Fix und Foxi

Feinste Seide Vollabriss!
OSKILDEFESTIVAL
TUBORG

2015
ROSKILDE
FESTIVAL
27 June - 4 July
#RF15
THE SCHEDULE
NON-PROFIT SINCE 1972
TUBORG

Tatarsata!

HOT TEA

FESTIVAL 2015
TUBORG
ROSKILDE FESTIVAL
TUBORG

Yay! Kaffeeee

CITY

OBST-MÜSLI „MACHT DOCH, WAS IHR WOLLT!"♪

für alle und jeden

VORBEREITUNG:

Für die Müslimischung zuhause *Lieblingstrockenobst* (z.B. Dörraprikosen, Apfelringe, Mango …) in kleine Stücke schneiden und mit *Haferflocken*, *Kokosflocken*, *Nüssen und Kernen* mischen – alle Zutaten nach Wahl.

ZUBEREITUNG:

Je nach Saison und eigenen Vorlieben Lieblingsobst waschen und klein schneiden, Beeren abzuppeln und alles mit Müslimischung auf tiefe Teller verteilen. Mit Milch begießen, mit cremigem *Joghurt*, *Honig* und *Lieblingsfrüchten und -beeren* (im Bild: Aprikosen, Blaubeeren) toppen. *Zucker* nimmt jeder, wie er will. Oder noch mehr *Honig*. Oder *Agavendicksaft*. Hauptsache: Guten Morgen!

Die Müslimischung am besten im Zipper-Beutel mit auf die Reise nehmen. Milch und Joghurt wahlweise im Schichtkühlsystem (S. 19/20) mitnehmen oder vor Ort kaufen.

Für vegane Varianten kann Kuhmilch durch Hafer- oder Reismilch ersetzt werden, Joghurt durch Sojajoghurt, und statt Honig gibt es Agaven- oder Apfeldicksaft.

MÜSLI „BIRCHER ART"

für 4–6 Personen und 1–2 Tage

VORBEREITUNG:

Am Vortag (!) *500 g Haferflocken* mit *100 g Sultaninen* und *80 g gehackten Haselnüssen* mischen. *100 ml Honig* und *250 g Sahnejoghurt* zugeben. Mit *200 ml Apfelmus*, *250 ml Milch* und *250 ml Wasser* zu einem glatten Brei verrühren. In 1 oder 2 fest verschließbaren Behältern kalt stellen und mindestens 1 Nacht ziehen lassen.

ZUBEREITUNG:

Nach Vorlieben und Saison mit *Apfelmus*, *Joghurt* und *frischen Früchten* (im Bild: Pflaumen) servieren.

Birchermüsli lässt sich zuhause vorbereiten, aber auch auf Reisen vor- und zubereiten. Es hält gekühlt 2–3 Tage und kann, sollte es zu fest geworden sein, mit etwas Milch oder Wasser wieder cremig gerührt werden.

Frische Früchte nach Tages- und Marktangebot können morgens ins Birchermüsli geschnippelt werden. Etwas Honig oder Zucker extra ist auch nicht verboten, wir verraten es Herrn Bircher einfach nicht!

Für vegane Varianten kann Kuhmilch durch Hafer- oder Reismilch ersetzt werden, Joghurt durch Sojajoghurt, und statt Honig gibt es Agaven- oder Apfeldicksaft.

Obst-Müsli

Müsli „Bircher Art"

Bayerisches Frühstück

BAYERISCHES FRÜHSTÜCK

Das ideale Festival-Frühstück, wenn am Vortag schon kräftig gefeiert wurde. Erfahrungsgemäß geht es dann gleich weiter mit der Feierei, wenn auffällt, dass es zur Weißwurst traditionell ein frühes Bier geben sollte!

ZEIT

Zubereitungszeit: 30 Minuten

ZUBEREITUNG

Reichlich Wasser in einem Topf auf dem Gaskocher erhitzen. Weißwürste hineingeben und 20 Minuten ziehen lassen, das Wasser sollte nur eben so sieden, nicht kochen.

Für den Obatzden die Käse würfeln und mithilfe einer Gabel mit dem Frischkäse zerdrücken und vermengen. Kümmel grob zerreiben und mit Paprikapulver unterrühren. Grillpaprika abtropfen, fein würfeln und unterrühren. Mit einem Hauch Cayennepfeffer und wenig Salz würzen.

Radieschen putzen und waschen und mit Brezeln, Brot, Landjägern und Obatzdem auf den Tisch stellen. Weißwürste dazu servieren.

ZUTATEN

für 4–6 Personen

8–12 Weißwürste

200 g Camembert
200 g Limburger
200 g Frischkäse
1 TL Kümmelsaat
1 EL Paprikapulver, edelsüß
150 g gegrillte Paprika aus dem Glas
Cayennepfeffer
Salz

1 Bund Radieschen
Brezeln, Knabberbrezeln, Lieblingsbrot
einige Mini-Landjäger (optional)

Weißwürste am besten vakuumiert kaufen, gut gekühlt halten sie so durchaus 2–3 Tage. Die Obatzda-Käsecreme sollte in einem gut verschlossenem Behälter und ebenfalls gekühlt auf die Reise gehen. Sie riecht doch recht würzig, hält sich dann aber auch 2–3 Tage.

Mit einer frisch gewürfelten Zwiebel verrührt, schmeckt die Käsecreme noch frischer und würziger. Traditionell sollte es ja zur Weißwurst nicht nur Bier, sondern vor allem auch süßen Senf geben. Wer kein ganzes Glas mit auf Reisen nehmen will, behilft sich mit Mini-Behältern (S. 19).

Spicy potted lax

SPICY POTTED LAX

Die Haltbarmachung von gekochtem Fisch oder Krabben unter einer schützenden Schicht Fett hat Tradition in Großbritannien, Irland und vielen skandinavischen Ländern und ist eng verwandt auch mit den französischen Rillettes, für die Fleisch und Fisch in Fett und dem eigenen Saft garen. Im folgenden Rezept vermählen sich Lachs und Butter zu einem unwiderstehlichen Brotaufstrich, der lange haltbar und reisefähig ist.

ZUTATEN

für 1 Glas (2–4 Personen)

200 g Butter

Salz

300 g Lachs, küchenfertig entgrätet

etwas Zitronensaft

2 Zweige Dill

1–2 TL frisch geriebener Meerrettich

Brot

ZEIT

Zubereitungszeit: 35 Minuten

ZUBEREITUNG

Butter in einem Topf schmelzen, den entstehenden Schaum abschöpfen, die Butter leicht salzen. Lachs in 4 ungefähr gleiche Stücke schneiden und mit Salz und Zitronensaft würzen. Mit gezupftem Dill und Meerrettich in ein passendes Einmachglas mit Gummiring und Deckel schichten.

Ofen auf 180 Grad vorheizen. Butter über den Fisch und bis kurz unter den Rand des Glases eingießen. Das Glas fest verschließen. 3 Finger breit Wasser in einem ofenfesten Topf zum Kochen bringen, Glas hineinstellen und den Topf auf ein Gitter in den Ofen stellen. 20 Minuten garen lassen. Glas herausnehmen und auf einem Gitter komplett abkühlen lassen. Mit Brot servieren.

Im Grunde ist der Lachs durch die Garung im Glas in Fett und im Ofen sogar ungekühlt haltbar. Es empfiehlt sich dennoch, die Gläser kühl zu lagern, die Butter sollte bis zum Verzehr immer gehärtet bleiben. Im Kühlschrank hält der Lachs ungeöffnet wochenlang.

Bei der Würzung der Butter hat man viele Möglichkeiten. Man kann zusätzlich 1 Prise Piment zur Butter geben, etwas Fenchelsaat oder 3–4 Wacholderbeeren, auch einige Thymianblättchen, grob gehackter grüner Pfeffer oder Orangen-Zesten passen sehr gut zum Lachs.

SMØRREBRØD „ROSKILDE"

Die Dänen lieben ihr Smörrebröd, dick belegte Brote in Variation. Zu Ehren des Roskilde-Festivals habe ich eine Stulle entwickelt, die dänischen Geschmack mit reisetauglichen Zutaten kombiniert: Vollkornbrot mit hausgemachter Pastete aus dem Glas, original dänischer Remoulade und Preiselbeeren.

PASTETE IM GLAS

für 3–4 Gläser à ca. 300 ml

500 g dicke Rippe vom Rind, ohne Knochen, mit *500 g durchwachsenem Speck*, *250 g Kalbsleber*, *6–8 Backpflaumen* und *2 Knoblauchzehen* durch die mittlere Scheibe des Wolfs drehen. Die Masse verkneten und die Hälfte der Masse nochmals durch den Wolf lassen. *2 TL Bohnenkraut* und *1 TL fein zermahlene Fenchelsaat* zum Brät geben, mit *Salz* und *Pfeffer* würzen.

Brät mit einem Spritzbeutel ohne Tülle möglichst ohne Lufteinschlüsse in Einmachgläser füllen, dabei einen 2 Finger breiten Rand lassen. Die Gläser mit dem Gummiring verschließen und in eine Auflaufform stellen. Heißes Wasser angießen, bis die Gläser zur Hälfte im Wasser stehen. Auf der 2. Schiene von unten im 180 Grad heißen Ofen 35 Minuten garen. Aus dem Ofen nehmen und die Gläser auf einem Gitter auskühlen lassen. Luftdicht verschlossen und gekühlt sind die Pasteten im Glas mehrere Wochen haltbar. Mit *dänischen Hot-Dog-Gurken* servieren.

DÄNISCHE REMOULADE

für ca. 500 ml Remoulade

200 g zarten Spitzkohl im Mixer fein hacken. *1 Zwiebel* pellen und fein würfeln, in *2 EL Rapsöl* in einer Pfanne 2 Minuten glasig dünsten. Kohl zugeben und weitere 2 Minuten dünsten. Auf einem Teller schnell abkühlen lassen. *100 g Gewürzgurke* fein würfeln und mit *150 g Mayonnaise*, *30 g Senf*, *50 g Joghurt*, *1 TL Kurkuma*, *1 Prise Currypulver* und *1 TL Weißweinessig* glatt rühren. Kohl unterrühren und mit *Salz* und *1 Prise Zucker* würzen. Gekühlt hält die Remoulade bis zu 1 Woche.

PREISELBEEREN

für ca. 500 ml Preiselbeeren

250 g Preiselbeeren waschen, sofern vorhanden Blättchen und Strunke entfernen. Abgetropft in einem Topf mit *250 g Gelierzucker 1:1*, *1 EL Rotweinessig* und *1 Msp. Chili* verrühren und aufkochen. 1 Minute sprudelnd kochen, dann noch heiß in 2–3 kleine, heiß ausgespülte, saubere Twist-off-Gläser füllen. Die Gläser luftdicht verschließen und dann auf dem Kopf stehend abkühlen lassen (dabei entsteht im Inneren ein Vakuum). Verschlossen sind die Preiselbeeren dann ohne Kühlung wie eine Konserve haltbar.

Smørrebrød „Roskilde“

Frühstücksrührei

FRÜHSTÜCKSRÜHREI

Das Frühstücksrührei ist ein ungemein praktisches Rezept: Mit saftigen Tomaten und gesalzenem Frischkäse schmeckt es auch mittags und abends formidabel. Dazu wird vorab in der Pfanne geröstetes Butter-Brot gereicht.

ZEIT

Zubereitungszeit: 20 Minuten

ZUBEREITUNG

Brotscheiben einzeln mit je 1 TL Butter in der Pfanne auf dem Gaskocher bei mittlerer Hitze auf beiden Seiten leicht bräunen. Nebenbei die Kirschtomaten achteln. Eier mit einer Gabel verrühren, sodass Eigelb und Eiweiß noch sichtbar getrennt sind. Leicht salzen. Die gerösteten Brote beiseitestellen.

1 EL Öl oder Butter in der Pfanne erhitzen. Tomaten kurz darin schwenken, salzen. Eier zugeben und stocken lassen, dabei nicht rühren, sondern die Eier zart zusammenschieben. So bleiben sie saftiger und werden nicht „krümelig". Frischkäse leicht zerbröselt übers Ei geben. Mit Basilikumblättchen bestreut zu den Röstbrotscheiben servieren.

ZUTATEN

für 2–4 Personen

4 Scheiben Vollkorntoast

4 TL + 1 EL Butter (wahlweise Olivenöl oder anderes Öl)

8 Kirschtomaten

6–8 Eier (M)

Salz

50 g gesalzener Frischkäse (wahlweise Ziegenfrischkäse)

einige Basilikumblättchen (optional)

Eier am besten immer frisch vor Ort oder unterwegs kaufen, Eier von zuhause immer gut gekühlt lagern. Eier sind mit einem Code bedruckt, die erste Ziffer zeichnet dabei die Art der Haltung aus: 0 steht für Eier aus ökologischer Haltung, 1 für Freilandhaltung. Eier mit den Ziffern 2 (Bodenhaltung) und 3 (Käfighaltung) sollte man nach Möglichkeit nicht kaufen.

Wenn man die Butter durch Kräuterbutter (S. 67) ersetzt, wird's noch würziger. Sehr gut schmeckt das Rührei auch mit frischen Schnittlauchröllchen statt Basilikum.

Kuchen aus dem Glas

KUCHEN AUS DEM GLAS

Teatime auf dem Zeltplatz? Kein Problem mit dem saftigen britischen Teekuchen für Reisende, der im Glas gleichzeitig gebacken und konserviert wird, und dadurch auch sehr lange frisch und saftig bleibt.

ZEIT

Zubereitungszeit: 20 Minuten (plus 50 Minuten Backzeit)

ZUBEREITUNG

Die Gummiringe der Gläser mit kochendem Wasser übergießen und darin einweichen, während der Kuchen zubereitet wird. Gläser zu ⅔ dünn mit Butter auspinseln und leicht bemehlen. Mandelstifte in einer Pfanne ohne Fett rösten. Trockenobst klein würfeln und in einem Töpfchen mit Rum kochen, bis dieser verdampft ist. Abkühlen lassen.

Weiche Butter, Zucker und Vanillezucker mit den Quirlen des Handrührgerätes 2 Minuten weißlich-cremig aufschlagen. Eier einzeln nacheinander zugeben und jeweils komplett unter die Butter quirlen.

Ingwer schälen und fein reiben. Mit Zimt und Nelkenpulver unterrühren. Mehl und Backpulver mischen, zur Butter-Ei-Masse sieben und dann unterrühren, bis ein cremig glatter Teig entstanden ist. Mandeln und Obst unterrühren. Ofen auf 175 Grad vorheizen.

Kuchenmasse auf die Gläser verteilen und in eine Auflaufform stellen. Heißes Wasser eingießen, bis die Gläser zweifingerbreit im Wasser stehen. Mit dem Wasserbad in den Ofen schieben. Auf der 2. Schiene von unten 50 Minuten backen.

Vorsicht heiß: Die Gummiringe auf die heißen Gläser setzten, dann die Deckel. Topflappen verwenden und die Deckel mit den Klammern verschließen. Abkühlen lassen. Dabei entsteht ein Vakuum, der Kuchen in den luftdicht verschlossenen Gläsern ist bis zu 4 Wochen haltbar und bleibt frisch.

ZUTATEN

für 5 Einmach-Gläser à 0,5 l Volumen

- 250 g weiche Butter (+ Butter für die Gläser)
- 250 g Mehl + Mehl für die Gläser (Type 405)
- 50 g Mandelstifte
- 100 g Backpflaumen
- 50 g getrocknete Mangos (ersatzweise getrocknete Aprikosen)
- 50 g Rosinen
- 100 ml brauner Rum (wahlweise Whiskey)
- 250 g Zucker
- 1 Packung echter Vanillezucker
- 4 Eier (M)
- 20 g Ingwer
- 2 Msp. Zimtpulver
- 1 Msp. Nelkenpulver
- 1 gehäufter TL Backpulver

Bis zu 4 Wochen bleibt der Kuchen im luftdicht verschlossenen Glas frisch, geöffnet ist er 1–2 Tage haltbar.

Der Kuchen schmeckt am besten in Scheiben geschnitten und mit Butter und/ oder Lieblingsmarmelade bestrichen. Tee, Kaffee oder Kakao dazu servieren.

WHISKEY FLAVOURED BAKED BEANS (MIT TOMATEN UND SPIEGELEI)

ZUTATEN

für 6–8 Personen

Für die Baked Beans:

1 Dose weiße Bohnen (425 g EW)

1 Dose rote Bohnen (425 g EW)

1 Zwiebel

1 Knoblauchzehe

4 EL Olivenöl

1 EL brauner Zucker

1 EL Tomatenmark

1 EL Bourbon Whiskey

150 ml Apfelsaft

1 Dose stückiges Tomatenragout (425 g EW)

1 EL Paprikapulver, edelsüß

1 Msp. geräuchertes Paprikapulver Pimentón de la Vera (optional)

Salz

1 TL Chipotle-Adobo-Sauce* (ersatzweise 1 Spritzer Tabasco)

Dazu:

6–8 kleine Tomaten

Salz

Zucker

Öl zum Braten

Pfeffer

Butter zum Braten

pro Person 1–2 Eier (M)

Brot (optional)

Das haben schon die Cowboys unterwegs gefrühstückt: echt homemade Baked Beans, die über offenem Feuer im Eisenkessel gekocht wurden, dazu Eier aus der Pfanne und Tomaten. Na gut, Tomaten wahrscheinlich nicht.

ZEIT

Zubereitungszeit: 45 Minuten

ZUBEREITUNG

Bohnen abgießen und in einem Sieb abtropfen lassen. Zwiebel pellen und in Spalten schneiden. Knoblauch pellen, in Scheiben schneiden und mit den Zwiebelspalten in einem Topf in heißem Öl hellbraun anbraten. Zucker und Tomatenmark unterrühren, Zucker schmelzen. Mit Whiskey ablöschen, Apfelsaft unterrühren und offen 2 Minuten kochen. Tomatenragout zugeben, Dose zur Hälfte mit heißem Wasser füllen und zugeben. Bohnen mit den Gewürzen unterrühren. Mit Salz und Chipotle-Adobo-Sauce würzen und bei milder Hitze 30 Minuten offen einkochen lassen.

Pro Person 1 Tomate halbieren, die Schnittstellen mit Salz und etwas Zucker würzen. Etwas Öl in einer Pfanne auf dem Gaskocher erhitzen, Tomaten darin auf der Schnittfläche 3–4 Minuten braten, dann wenden, mit Pfeffer würzen und noch 1–2 Minuten braten. Herausnehmen und auf Teller verteilen. Etwas Butter in die Pfanne geben, pro Person 1–2 Eier in die Pfanne schlagen und in 3–5 Minuten zu Spiegeleiern braten. Salzen und mit den Tomaten zu den Baked Beans servieren. Dazu passt Brot.

* Chipotle-Adobo-Sauce ist eine mexikanischen Sauce aus geräucherten Chilis und Tomaten, die auch bei uns immer beliebter wird, sie ist sehr scharf, schön rauchig und würzig.

Baked Beans lassen sich gut vorbereiten. Kochend heiß in heiß ausgespülte Twist-off-Gläser gefüllt, luftdicht verschlossen und dann auf dem Kopf stehend abgekühlt (dabei entsteht im Inneren ein Vakuum), sind sie ohne Kühlung wie eine Konserve haltbar. Sie lassen sich auch einfrieren und gefroren im Schichtkühlsystem (S. 19/20) mitnehmen. Die Tomaten frisch zubereiten. Eier am besten immer frisch vor Ort oder unterwegs kaufen, Eier von zuhause immer gut gekühlt lagern.

Ohne Eier sind die Baked Beans vegan.

Whiskey flavoured Baked Beans (mit Tomaten und Spiegelei)

KAFFEE KOCHEN – FÜNF METHODEN FÜR UNTERWEGS

Guten Kaffee zu kochen ist auch in der Wildnis sehr einfach. Hier sind fünf Vorschläge für unterwegs:

TÜRKISCHE METHODE (MOKKA STYLE!)

Guter Kaffee* und heißes Wasser reichen völlig für die einfachste Art einen Kaffee zu kochen: Je nach Geschmack 1 bis 2 Teelöffel Kaffee in die Tasse geben und mit kochendem Wasser übergießen. Beherzt umrühren. Wer mag, gibt jetzt Zucker dazu. Mit einem Löffel den entstandenen Schaum abschöpfen. Den Kaffee noch ein Minütchen ziehen lassen, dabei sinkt das Kaffeepulver zu Boden. In Ruhe genießen – bis der Bodensatz kommt, der wird nicht mitgetrunken.

OMAS BESTER

Der gute alte Kaffee-Filter ist zurück und das hat seinen Grund. Gefilterter Kaffee schmeckt aromatisch-rund – und ist stärker als Espresso. Ihr braucht: einen Kaffeefilter aus Porzellan oder Edelstahl, passende Kaffeefiltertüten und eine Thermoskanne, auf deren Öffnung der Filter gut aufsitzt. Die Papierfilter werden in den Filter eingesetzt und mit einem ordentlichen Schwupps kochendem Wasser vorab ausgespült. Dabei wird der „Papiergeschmack" ausgeschwemmt, der Filter ist zudem vorgewärmt. Das Wasser weggießen. Jetzt das Kaffeepulver in den Filter geben. Optimalerweise ist Filterkaffee mittelfein gemahlen, 8–12 g Kaffee rechnet man für eine Tassenportion von ca. 200 ml. Zunächst mit nur ca. 50 ml heißem Wasser überbrühen, das Wasser sollte aufgekocht sein, aber nicht mehr kochen (95 Grad). Ist das erste Wasser versickert, in kreisenden Bewegungen Wasser nachgießen und den Kaffee in Ruhe aufbrühen.

DIE CHEMEX-KARAFFE

Ein amerikanischer Designklassiker des emigrierten deutschen Ingenieurs Peter Schlumborn, der sogar im New Yorker Museum of Modern Art, dem MoMA, ausgestellt ist. In der Funktion und Zubereitung sind der Glaskolben und die speziellen Filtertüten genau wie für Omas Besten zu verwenden – sie schauen nur eben auch noch sehr gut aus! Auch darum erfreut sich der Glaskolben von 1939 unter Kaffee-Freunden bis heute ungebrochener Beliebtheit.

FRENCH PRESS

Noch so ein Klassiker. Grob bis mittelfein gemahlener Kaffee (60 g) wird in die vorgewärmte Glaskanne gegeben und mit heißem Wasser übergossen, bis die Mitte der Kanne erreicht ist. Einmal umrühren und die Kanne dann komplett auffüllen. Den Sieb-Pömpel aufsetzten und das Pulver damit unter Wasser drücken. 4 Minuten ziehen lassen, dann den Stempel langsam nach unten drücken.

THE ITALIAN

Portable Espressokocher aus Italien (auch: Herdkanne) sind gut transportabel und bruchsicher. Im Espressokocher gelingt sowohl Kaffee als auch Espresso. Die Handhabung ist einfach: den unteren Kannenteil abschrauben und bis kurz unter das Ventil der Innenwand mit heißem Wasser auffüllen. Den Filter bis zum Rand mit Kaffee mittleren Mahlgrades füllen. Die Kanne zusammenschrauben und auf den Gaskocher stellen (der windgeschützt und fest stehen sollte!). Nach kurzer Zeit sprudelt Kaffee in den oberen Teil der Kanne. Asthmatisches Röcheln dokumentiert das Ende des Vorgangs, der Kaffee ist fertig.

*

Und was ist eigentlich guter Kaffee?

Guten Kaffee findet man meist nicht im Supermarkt. Guter Kaffee ist fair gehandelt und kommt aus nachhaltigem Anbau. Guter Kaffee ist vor allem Geschmackssache, darum: viel probieren! Besucht und unterstützt eure lokalen Kaffeeröster, besucht Fachgeschäfte und Cafés – Orte, an denen Kaffeekultur gelebt und vermittelt wird. Löchert die Leute dort mit Fragen. So findet man guten Kaffee.

„I'M THE FIRESTARTER" ♪ – GRILLEN

Jeder kann grillen! Glaubt jeder. Mann, zumindest. Das Heer der selbsternannten Grillweltmeister ist überall, auch auf Campingplätzen und Festivals anzutreffen. In größeren Gruppen ist darum zu Beginn ein Verantwortlicher zu wählen, dem dann nicht mehr reingeredet werden darf. Inklusive Kommentier-Verbot! Die Planung eines gelungenen Grillabends beginnt aber schon viel früher: mit der Auswahl des Grills für unterwegs.

GRILL-MODELLE FÜR UNTERWEGS

— **Der Einweggrill** von der Tankstelle – mal ehrlich: Spiritus-getränkter Kohlebruch mit einer Brenndauer von wenigen Minuten, eingepfercht in ein winziges Schächtelchen, auf dessen Gitter nicht mal zwei Steaks passen. Und die schmecken dann auch noch nach, genau: Spiritus. Lieber lassen.

— **Eimergrills** bieten in etwa die Grillfläche eines Einweggrills, sind aber ansonsten ungemein günstig und praktisch, halten durch ihre Form lange die Hitze, sind ruckzuck auf- und abgebaut und lassen sich prima transportieren. Nachteil: Grillen mit Deckel ist nicht möglich.

— **Klapp- und Faltgrills** sind platzsparend und praktisch. Es lohnt, beim Kauf etwas mehr Geld in eine wertige Verarbeitung zu investieren, das wird mit langer Funktionalität und Lebensdauer belohnt. Nachteil: Grillen mit Deckel ist oft nicht möglich.

— **Mini-Kugelgrills** sind meist Leichtgewichte mit gutem Tragekomfort und der Möglichkeit, mit Deckel zu grillen. In der mittleren und oberen Preisklasse auch in wertigem Design und mit funktioneller Belüftungsregulierung erhältlich.

— **Picknick- und Reisegrills** bieten schon im mittleren Preissegment die Möglichkeiten und den Komfort eines Heimgrills, mit viel Grillfläche, Platz für Ruhezonen, Belüftungsregulierung und das Garen mit Deckel. Gut transportabel.

— **Gasgrills** lassen die Schmutzerei mit der Holzkohle entfallen und auch den Rauch und Qualm. Insbesondere die Männerwelt macht aber lange Gesichter, wenn nicht gezündelt werden darf. Für Fisch und feine Grillade sind Gasgrills mit stufenregulierbarer Hitze ganz klar ein Gewinn.

— Wirklich großartig sind **gasbetriebene Koffergrills**, bei denen die Hitze wie bei einer Grillschlange im Ofen über dem Grillgut verläuft. Damit lässt sich dann auch gratinieren. Diese Grills bieten zudem bei großer Grillfläche eine platzsparende und saubere Verstau-Lösung. Allerdings sind die zugehörigen Gasflaschen leider meistens echte Brummer.

KOHLE ODER BRIKETTS?

Es kommt darauf an. **Holzkohle** brennt schneller. In ca. 25 Minuten ist sie durchgeglüht und gibt dann, eine sehr knappe Stunde lang, starke Hitze ab. Das reicht in der Regel für zwei Grillrunden und ist geeignet für kleinteilige Grillspieße, Hamburger und Würstchen, Lammkoteletts und Steaks, Fischfilets und Gemüse.

Briketts brauchen 45–50 Minuten, um grillfertig durchzuglühen, dann aber kann weit über 2 Stunden gegrillt werden. Briketts werden nicht so heiß wie Holzkohle, brennen dafür aber schön gleichmäßig – ideale Voraussetzungen für das lange und sanfte Grillen von großen Fleischstücke wie Tomahawk-Steak (S. 106) und Hähnchen (S. 103).

Ein wichtiger Punkt ist die **Qualität von Kohlen und Briketts**. Wer allzu günstig kauft, läuft Gefahr minderwertigen, kleinteiligen Bruch und dementsprechend kurz- und unregelmäßig brennende Kohle zu bekommen. Minderwertige Briketts können zudem Kleber-Stoffe enthalten.

Der größte Teil der Holzkohle in Deutschland ist importiert. Dabei kommt auch Kohle aus Tropenwald-Abholzungen in den Handel. Beim Kauf von Kohle mit **FSC-Siegel** kann man sicher sein, dass die Hölzer für die Herstellung aus nachhaltiger Waldwirtschaft stammen. Eine echte Alternative ist **Kohle aus Kokosnussschalen**, für die keine Bäume gerodet werden müssen. Kokosnusskohle brennt zudem heißer und länger als herkömmliche Kohle und es bleiben nur 2–4 % Restasche!

ANZÜNDEN!

Finger weg von Brennspiritus und Brennpasten. Diese gefährlichen Brandbeschleuniger haben im Campingbus und auf dem Zeltplatz nichts zu suchen. Bei unsachgemäßer Verwendung kann es zu Verpuffungen, Stichflammen und Bränden kommen. Besser geeignet sind biologische Zündhilfen und Grillanzünder aus gepressten Holzfasern.

Ein **Anzündkamin** beschleunigt das Anzünden und Durchglühen der Kohle, ist allerdings zusätzliches Gepäck. Und eigentlich ist doch unterwegs und draußen endlich mal genügend Zeit und keine Hektik angesagt.

RICHTIG GRILLEN

Reise-Grills genügen oft nicht den Ansprüchen verwöhnter Grillweltmeister. Die wenigsten platzsparenden und leichten Modelle bieten ausreichend Komfort und Grillfläche, um auch **Ruhezonen und indirektes Grillen** zu gewährleisten. Wenn möglich, sollte die Kohle und die Hitze dennoch eher mittig zentriert und ein Rand oder eine Freifläche ausgespart werden, um beispielsweise Fleisch ruhen zu lassen oder ohne direkte Grillglut-Hitze mild zu garen.

Unerlässlich für die Regulierung der Hitze und ein gutes Grillergebnis sind eine **Belüftungsregulierung und ein Grill mit Deckel**. Der Deckel sorgt für eine backofenähnliche Rundumhitze und gewährleistet das schonende Garen auch von größeren Fleischstücken. Lüftungsschieber dienen der Hitzeregulierung: Geöffnete Lüftungsschlitze lassen die Kohle glühen. Je weiter die Schlitze geschlossen sind, desto weniger Sauerstoff „befeuert" die Kohle.

Nach dem Grillen das verbliebene Asche-Kohle-Gemisch unter Beobachtung komplett erkalten lassen und sicherheitshalber erst nach 12 Stunden im Restmüll entsorgen. Bei Grills mit Deckel und Belüftungsregulierung lässt sich die glimmende Rest-Kohle im geschlossenen System ersticken.

SICHERHEIT!

Der Grillmeister sollte immer aufmerksam sein und im Vollbesitz seiner geistigen Kräfte, die bereits mit dem ersten Wein und dem zweiten Bier deutlich zu schwinden beginnen.

Sicherheit am Gasgrill:

- Vorab fragen, ob gasbetriebene Grills am Standort erlaubt sind.
- Grill nur im freien, auf offener Fläche, mit reichlich Platz drumherum und ebenem, nicht brennbarem Untergrund aufstellen.
- Gaskartuschen niemals direkter Hitze aussetzen.
- Gebrauchsanleitung studieren und genau befolgen.
- Die Fett- und Wasserpfanne im Grill immer sehr sauber halten und regelmäßig reinigen, um Fettbrand zu vermeiden.
- Bei Gasgrills mit Deckel den Grill immer geöffnet in Betrieb nehmen.
- Gas immer erst am Grill ausschalten, dann die Flasche zudrehen.
- Sollte es tatsächlich mal zu einem Gasaustritt und/oder Brand kommen, besteht im Regelfall keine Explosionsgefahr, die Flasche selbst kann nicht in die Luft fliegen. Unbedingt schnell den Gashahn abdrehen! Wenn es brennt, die Hände mit einem dicken Tuch oder Arbeitshandschuhen schützen.
- Bei Gasgrills mit Schlauchverbindung ist der Schlauch regelmäßig auf Risse zu prüfen. Eine Schlauchbruchsicherung ist empfehlenswert.

Sicherheit am Kohlegrill:

- Vorab fragen, ob Grillen mit offenem Feuer am Standort erlaubt ist.
- Grill nur im Freien, auf offener Fläche, mit reichlich Platz drumherum und auf ebenem, nicht brennbarem Untergrund aufstellen.
- Keinesfalls unter Zeltplanen oder Zelt-Domen grillen.
- Nicht unter tiefwachsenden Bäumen grillen.
- Keine Flüssiganzünder verwenden.
- Grillschürze und Grillhandschuhe sind nicht zwingend uncool.
- Keine Drängelei am Grill: Eine/r grillt und ist der Boss.

GANGSTA
GOTH
SPEED
PSYCHEDELIC
SKA
TRANCE

DAS DREI-TAGE-ETAPPEN-GRILLEN!

Wir grillen sehr gerne, wenn wir unterwegs sind. Dafür habe ich das Etappengrillen ausgetüftelt, für drei Tage Grillspaß ohne Zwischen-Einkauf:

1. TAG

Noch vor dem Losfahren geht es zum Lieblingsmetzger, der schon früh aufmacht. Hier kaufe ich frische rohe Bratwurst und Hähnchen (S. 103), die noch am gleichen Tag auf den Grill kommen, sowie Steaks und Koteletts für den zweiten Tag. Das Fleisch lasse ich mir vom Metzger vakuumieren und nehme es gut gekühlt in Kühltaschen mit Eis, im Wohnmobil-Kühlschrank oder im Schichtkühlsystem (S. 19/20) mit auf die Reise.

Das ist auch ein guter Tag für Rezepte mit frischem Fisch wie Saibling (S. 96) oder Lachs (S. 73) und natürlich für alle vegetarischen Köstlichkeiten (S. 82, S. 85). Dazu gibt es an diesem Tag frische Salate wie die drei schnellen Grillsalate (S. 62/63), Brotsalat (S. 79) oder Blattsalate (S. 65).

2. TAG

Beim Metzger habe ich am Vortag auch Steaks und Lammkoteletts gekauft, die heute auf den Grill kommen, wie auch alle vegetarischen Köstlichkeiten (S. 82, S. 85). Die Zeit im Schichtkühlsystem war kein Problem, das Fleisch ist sogar noch eiskalt und sollte 1–2 Stunden temperiert werden. Dazu serviere ich haltbar-frische Salate wie Reissalat (S. 80, S. 116), Zaziki (S. 110) oder Asia-Nudel-Salat (S. 74).

3. TAG

Heute schmecken vorgebrühte und eingeschweißte Würstchen, z.B. Nürnberger Rostbratwürstchen, Maiskolben (S. 82) und Halloumi-Sticks (S. 82) aus dem Schichtkühlsystem, dem Campingkühlschrank oder der Kühlbox. Auch vormariniertes Grillgut (siehe Rubs, S. 69), das eingefroren wurde und die Reise gefroren im Schichtkühlsystem oder auf Eis angetreten hat, dürfte jetzt aufgetaut, aber kalt und frisch sein. Dazu gibt es robustere und länger haltbare Salate wie Gemüse-Bulgur (S. 114) oder Nudelsalat (S. 77).

SUUUUMMERJAAAAAAM!

DEUTSCHLAND

SUMMER JAM

SUMMERJAM

Reggae, Rocksteady, Ska, Dub, Raggamuffin, Dancehall, Lovers Rock, Hip-Hop, Jazz, World & Latin

LAGE: *Fühlinger See, Köln, Deutschland*

TEILNEHMER: *~30.000*

DAUER: *3 Tage*

BANDS: *~40*

LOVE, PEACE & UNITY
SEIT 1986

REGGAE YEAH!

SUMMERJAM

Summerjaaaaam! Love, Peace & Unity seit 1986. Deutschlands dienstältestes Reggae-Festival zeigt sich jedes Jahr so traditionsbewusst wie topfrisch und modern – und denkt nicht dran, sich musikalisch allzu sehr festzulegen! Big Up: Massive!

„Weil es Liebe ist“[4]. Seit 2000 komme ich fast jeden Sommer hierher, an den Strand des Fühlinger Sees bei Köln. Ich stehe am Ufer, atme tief ein und mache zuerst dieses Foto: Sattgrün liegt die Festivalinsel im glitzernd blauen Wasser und die warme Juli-Sonne schwimmt mit der Vorfreude um die Wetter. *Klick.*

Die Jungs lassen die Zelttaschen fallen, Seegrundstück mal wieder, was für ein Glück, öffnen feierlich das traditionelle Willkommensbier. Dann ertönt erstmals der Freudenschrei der kommenden Tage: „Suuuumerjaaaaaaam!“, und es geht los, der Bass setzt ein und alle sind am Start. 30.000 Summerjam-People feiern drei Tage lang Reggae, Ska und Dub, Soul, HipHop, Funk und Rap, das schöne Leben und good vibrations jeder Art.

Verliebt habe ich mich in den Summerjam, als es so richtig losging in Deutschland, mit Reggae aus Deutschland, mit einem jungen, energetischen Schlacks namens *Gentlemen*, mit *Concrete Jungle* aus Berlin, *Silly Walks* aus Hamburg, *Jan Delays* Album „Searching for the Jan Soul Rebel“ und *Seeed*, die mit mächtigen Bläsersätzen und tighten Beats ein neues Reggae-Verständnis feierten. Sie alle treten und traten beim Summerjam auf, Seite an Seite mit Legenden aus Rocksteady und Reggae, aus Dub und Dancehall, mit immer neuen Bands und Soundsystems aus Jamaica, Großbritannien, Frankreich, Italien, Spanien und Übersee, international und bunt wie das Publikum, verbunden durch: one love! Eine alte Liebe, die 1986 begann. Damals hatte ein kleines jährliches Reggae-Festival namens Sunsplash auf der Loreley Premiere, zehn Jahre später folgte der Umzug an den Fühlinger See und 2015 feierte das „Everlasting Festival“ Summerjam seinen 30. Geburtstag. Herzlichen Glückwunsch und danke für die Musik!

Rund um den Fühlinger See stehen die Zelte und Caravans unter dem flirrenden Blattwerk alter Bäume, die an den heißesten Tagen Schatten spenden, Gelächter fliegt übers klare Wasser, es riecht nach Sonnencreme und Grillfeuer, Arschbombenwettbewerb am Steg in fünf Minuten. Den Rest des Jahres ist „Cologne Bay“ Naherholungs- und Naturschutzgebiet und darum fühlt sich der Summerjam auch immer ein bisschen wie Urlaub an *(„Fühlinger See statt Saint Tropez!“)*. Schnell vergisst man die Zeit beim Dösen auf der Luftmatratze, beim Zusammensitzen an den Wegen zwischen Wasser und Wald, beim gemeinsamen Feiern, Kochen und Essen. An vielen Zelten und Ständen kann man dann auch karibische und afrikanische Küche probieren. Zwei der köstlichsten Summerjam-Klassiker, Jerk Chicken (S. 204) aus Jamaica und Chicken Yassa (S. 203) aus dem Senegal, habe ich für dieses Buch erfragt und notiert – gegen die Sehnsucht, bis zum nächsten Summerjam.

Sommmmer

Oh ja!!!

wo Bootbäume wachsen

Pustekuchen

moments...
SUMMERJAM
2-2-2
ALL DAYS

DREI SCHNELLE SALATE ZUM GRILLFEST

Diese schnellen Salate schmecken frisch am besten und können gut direkt auf dem Campingplatz zubereitet werden.

für 4 Personen

TOMATEN-PFIRSICH-SALAT

ZUBEREITUNG:

1 Pfirsich würfeln, *300 g Kirschtomaten* halbieren und alles auf Teller oder eine Platte verteilen. *1 Handvoll gezupfte Basilikumblättchen* darüber streuen. Aus *1 EL Weißwein* oder Sekt, *1–2 EL Weißweinessig*, *1 EL Honig* und *6 EL Olivenöl* eine Vinaigrette anrühren. Mit *Salz* und *Pfeffer* würzen.

SCHMECKT BESONDERS GUT ZU: Grillgerichten wie Hähnchen (S. 103) oder Tomahawk-Steak (S. 106), Fischpäckchen (S. 99) und natürlich zu allen vegetarischen Grillrezepten (S. 82, S. 85).

GRIECHISCHER BAUERNSALAT

ZUBEREITUNG:

8 kleine Tomaten entstrunken und vierteln, *2 Mini-Gurken* längs vierteln, dann in dickere Scheiben schneiden. *8 Pimientos de Padrón* halbieren und entkernen (wahlweise 1 grüne Langpaprika in Streifen schneiden). *6 Zweige Dill* fein schneiden (wahlweise ein paar Basilikumblättchen). *1 Knoblauchzehe* pellen und fein würfeln, mit *2–3 EL Zitronensaft* (wahlweise 1–2 EL Weißweinessig) und *6 EL Olivenöl* verrühren und den Salat damit marinieren. *100 g klein geschnittenen Feta* untermengen. Mit *Salz* und *Pfeffer* würzen.

SCHMECKT BESONDERS GUT ZU: Lammbratwürstchen, Merguez-Bratwürsten, Lammkoteletts (S. 110), Hähnchen (S. 103), Steak (S. 106) und natürlich zu allen vegetarischen Grillrezepten (S. 82, S. 85).

SCHARFER AVOCADO-TOMATEN-SALAT

ZUBEREITUNG:

4 Tomaten entstrunken, in Scheiben schneiden und eine Servierplatte oder 4 Teller damit auslegen. *1 rote Zwiebel* pellen und in Streifen schneiden. Den Saft von *1 kleinen Zitrone* mit *1 Prise Zucker* und *6 EL Olivenöl* verrühren. Messerspitzenweise mit Piment d'Espelette (wahlweise Chiliflocken) nach Geschmack schärfen und die Vinaigrette salzen. *2 Avocados* halbieren, Stein und Schalen entfernen und in Spalten schneiden. Die Spalten in der Vinaigrette baden und mit den Zwiebelstreifen auf den Tomaten verteilen. Mit übriger Vinaigrette beträufeln, mit *80 g Feta* bestreuen.

SCHMECKT BESONDERS GUT ZU: allen Grillgerichten.

Mit etwas frisch gezupftem Koriandergrün bestreuen.

Salat

SALAT!

Knackige Blattsalate, frisches Gemüse, grüne Kräuter – so richtig klappt das mit der Open-Air-Salatbar nur am Anfang der Reise. Oder man kauft unterwegs zu. Blattsalate lassen sich gut schon zuhause putzen und vorschnippeln und, ***nicht gänzlich trocken geschleudert und luftig in Zipper-Beutel gepackt****, gut gekühlt mit auf die Reise nehmen. Salat-Gemüse wie Gurken, Tomaten oder Möhren am besten immer erst vor Ort schnippeln oder raspeln. Dressing und Vinaigrette lassen sich* ***zuhause vorbereiten und ebenfalls gekühlt im Twist-off- oder Einmachglas mitnehmen****. Einfache Dressings lassen sich auch auf dem Campingplatz „anrühren": Alle Zutaten ins Twist-off- oder Einmachglas füllen, gut verschließen und kräftig shaken: fertig! Hier 2 Vorschläge mit Variationen:*

VINAIGRETTE

für 4 Personen

3–4 EL Weißweinessig (wahlweise Apfelessig, Rotweinessig, Kräuteressig, Obstessig, Lieblingsessig) *mit 2–3 EL Apfelsaft* (wahlweise Traubensaft, Orangensaft, Tomatensaft), *1–2 EL Honig* (wahlweise Ahornsirup, Agavendicksaft, Zuckerrübensirup) und *1–2 TL Dijonsenf* (wahlweise Lieblingssenf, etwas Wasabi oder geriebener Meerrettich) mit *6–8 EL Olivenöl* (wahlweise Sonnenblumenöl, mildes Rapsöl) und *1–2 TL Nussöl* (Walnuss, Haselnuss oder 1–2 Tropfen Sesamöl) zu einer Vinaigrette verrühren, mit *Salz* und *Pfeffer* würzen.

Plus wahlweise: frisch gehackte Kräuter, ½ Knoblauchzehe, einen Hauch Traubenkernöl, etwas süßen Aceto Balsamico …

Mit Zucker, Ahornsirup, Agavendicksaft oder Zuckerrübensirup statt Honig wird die Vinaigrette vegan.

JOGHURT-DRESSING

für 4 Personen

150 g Sahnejoghurt (wahlweise saure Sahne) mit *1–2 EL Mayonnaise* (wahlweise Tofunaise, Schmand, Créme fraîche, Buttermilch), *1–2 EL Weißweinessig* (wahlweise Apfelessig, Kräuteressig), *1 TL Honig* (wahlweise Zucker, Ahornsirup, Agavendicksaft) und *1–2 TL Olivenöl* (wahlweise Sonnenblumenöl, Rapsöl) verrühren. Mit *Salz* und *Pfeffer* würzen.

Plus wahlweise: ½–1 TL Dijonsenf, groben Senf, Wasabi, Meerrettich, frisch gehackte Kräuter, ½ Knoblauchzehe.

Chipotle-Butter

GEWÜRZ- UND GRILLBUTTER FÜR JEDE GELEGENHEIT

KRÄUTERBUTTER

für 8–10 Personen

250 g zimmerwarme Butter in eine Schüssel geben. *½–1 Knoblauchzehe* pellen, fein würfeln. *1 Bund Petersilie* fein hacken, *1 Bund Schnittlauch* in feine Ringe schneiden, *1 TL Schale von einer unbehandelten Zitrone* abreiben und alles zur Butter geben. Mit *Salz* und einem Hauch *Cayennepfeffer* würzen und alles mit einem Teigschaber unter die Butter mischen. Ein Stück Alufolie mit einem Stück Klarsichtfolie belegen, Buttermasse mittig draufgeben und zu einer Rolle drehen, die Enden zusammendrehen und kalt stellen.

CHIPOTLE-BUTTER

für 8–10 Personen

250 g zimmerwarme Butter in eine Schüssel geben. *50 g Chipotle-Adobo-Sauce** mit dem Schneidstab in die Butter pürieren. Mit *Salz* würzen. Ein Stück Alufolie mit einem Stück Klarsichtfolie belegen, Buttermasse mittig draufgeben und zu einer Rolle drehen, die Enden zusammendrehen und kalt stellen.

*
Chipotle sind geräucherte Jalapeño-Schoten; für Chipotle-Adobo-Sauce werden sie in Tomatensauce eingekocht. Hot!

RÖSTZWIEBEL-SENF-GRILLBUTTER

für 8–10 Personen

250 g zimmerwarme Butter in eine Schüssel geben. *2 EL Röstzwiebeln* fein zermahlen und zugeben. *1–2 TL Dijon-Senf* und *1 Msp. Kurkuma* zugeben. *1 Bund Schnittlauch* in feine Ringe schneiden und zugeben. Alles mit einem Teigschaber glatt rühren. Mit *Salz* würzen. Ein Stück Alufolie mit einem Stück Klarsichtfolie belegen, Buttermasse mittig draufgeben und zu einer Rolle drehen, die Enden zusammendrehen und kalt stellen.

PIMENT-D'ESPELETTE-BUTTER

für 8–10 Personen

250 g zimmerwarme Butter in eine Schüssel geben. *1 EL Paprikapulver, edelsüß,* und *1–4 Msp. Piment d'Espelette** zugeben, mit *Salz* würzen. Alles mit einem Teigschaber glatt rühren. Ein Stück Alufolie mit einem Stück Klarsichtfolie belegen, Buttermasse mittig draufgeben und zu einer Rolle drehen, die Enden zusammendrehen und kalt stellen.

*
Piment d'Espelette ist eine fruchtig scharfe Chilipfeffer-Schote aus dem Baskenland, die getrocknet und gemahlen auch bei uns immer beliebter wird.

Läuft ja wie geschmiert

Grill- und Gewürzbutter lässt sich gut vorbereiten, in Folie gewickelt auch einfrieren und dann gefroren im Schichtkühlsystem (S. 19/20) oder einer Kühltasche mit auf die Reise nehmen.

Tomahawk-Steak (S. 106)

DER RUB-BAUKASTEN

Rubs sind Trockenmarinaden für Fleisch und Geflügel, aber auch für Tofu, Seitan, Bratkäse und Gemüse. Der Begriff kommt aus den USA von to rub = reiben. Die Würzmischungen werden trocken eingerieben. In der Campingküche hat das den Vorteil, dass es keine Kleckerei gibt, nichts kann auslaufen oder fetten. Vor Ort kann man dann mit etwas Öl, einem Hauch würzenden Flüssigkeiten und frischen Zutaten nochmals den Geschmack nach Wunsch beeinflussen. Mein Rub-Baukasten soll inspirieren, die individuelle Mischung ist Geschmackssache.

STEAK-& LAMM-RUB

BASIC: 2 TL getrockneten Thymian, 1 Msp. geräuchertes Paprikapulver und etwas schwarzen Pfeffer aus der Mühle mischen. Fleisch damit einreiben.

FRISCHE ZUTATEN: frisch geriebener Knoblauch, frisch geriebener Ingwer, frischer Rosmarin, gehackte Chili, abgeriebene Zitronenschale

FLÜSSIGAROMA: Olivenöl, ein paar Spritzer Whiskey, Espresso, etwas Sojasauce oder Bier

HÄHNCHEN-& TOFU-RUB

BASIC: 1 EL Paprika, edelsüß, mit 1 TL getrocknetem Thymian oder Bohnenkraut, etwas zerdrückter Fenchelsaat, etwas zerriebenem Piment, wahlweise 1 Msp. Fünf-Gewürzpulver oder 1 Prise Safran und etwas Piment d'Espelette mischen. Geflügel oder Tofuscheiben damit einreiben.

FRISCHE ZUTATEN: frisch geriebener Knoblauch, frisch geriebener Ingwer, gehackte Chili

FLÜSSIGAROMA: Olivenöl, Limettensaft, etwas Sojasauce, Honig oder Kokosmilch, Ingwersirup

GEMÜSE-& BRATKÄSE-RUB

BASIC: 1 EL Paprika, edelsüß, mit 1 TL getrocknetem Thymian oder Bohnenkraut, wahlweise etwas Currypulver, Garam Marsala oder Ras el-Hanout und etwas weißem Pfeffer aus der Mühle mischen. Vorbereitetes Gemüse oder Bratkäse damit einreiben.

FRISCHE ZUTATEN: frisch geriebener Knoblauch, frisch geriebener Ingwer, abgeriebene Zitronen- oder Orangenschale, gehackte Chili

FLÜSSIGAROMA: Olivenöl, Sesamöl, etwas Sojasauce, Honig

DR. GREEN THUMB'S SALAD

ZUTATEN
für 4–6 Personen

150 g grüne Zuckerschoten
Salz
1 Zucchini
100 g Staudensellerie
1–2 TL mildes Currypulver
100 g Sahnejoghurt
1 EL Mayonnaise
1 EL süßes Mangochutney (ersatzweise Aprikosenmarmelade)
1–2 TL Apfelessig (wahlweise Obstessig)
2 EL Apfelsaft
1 EL Olivenöl
Cayennepfeffer
1 grüner Apfel
½ Bund Schnittlauch
½ Bund Petersilie
4 Zweige Dill (optional)

Hauptsache grün? No way, die Kombination aus Zucchini, süßem Apfel, Zuckerschoten, knackigem Staudensellerie und frischen grünen Kräutern in cremigem Curry-Dressing ist ein Überhit! Und man schmeckt überhaupt nicht, wie gesund der Salat ist!

ZEIT
Zubereitungszeit: 25 Minuten

ZUBEREITUNG
Zuckerschoten schräg halbieren und in Salzwasser 2–3 Minuten bissfest knackig kochen. In kaltem Wasser abkühlen. Zucchini längs halbieren und in Scheiben schneiden. Staudensellerie schräg in feine Scheiben schneiden.

Aus Curry, Sahnejoghurt, Mayonnaise, Mangochutney, Apfelessig, Apfelsaft und Olivenöl eine cremige Vinaigrette rühren. Mit Salz und Cayennepfeffer würzen (ist die Vinaigrette zu dick, mit etwas mehr Apfelsaft, Buttermilch, Milch oder Sahne cremig rühren).

Den Apfel ungeschält vom Kerngehäuse befreien und in feine Scheiben schneiden. Alle Zutaten mit dem Dressing vermengen. Schnittlauch in Röllchen schneiden, Petersilie und Dill fein schneiden und unterrühren. Salat eventuell nochmals mit Salz, Cayennepfeffer und Essig abschmecken.

Der Salat sollte immer frisch zubereitet werden. Das Dressing lässt sich allerdings zuhause vorbereiten und gut gekühlt im Twist-off-Glas mit auf die Reise nehmen.

Mangostreifen oder Avocadostücke passen auch sehr gut in den Salat.

Dr. Green Thumb's Salad

Pellkartoffel-Salat „Grüne Sauce" mit gegrilltem Lachs

PELLKARTOFFEL-SALAT „GRÜNE SAUCE" MIT GEGRILLTEM LACHS

Der Pellkartoffel-Salat ist inspiriert von der Frankfurter Grünen Sauce, die hier als Sieben-Kräuter-Vinaigrette einen Camouflage-Auftritt hat. Der Salat schmeckt solo und zu jeder Grillerei, in Kombination mit gegrilltem Lachs ist er ganz besonders zu empfehlen.

ZEIT

Zubereitungszeit 25 Minuten (plus Zeit zum Kochen und Abkühlen der Kartoffeln, zum Marinieren des Lachses)

ZUBEREITUNG

Für den Pellkartoffel-Salat: Kartoffeln in Salzwasser in 15–20 Minuten bissfest kochen. Kalt abschrecken und mindestens handwarm auskühlen lassen. Inzwischen für die Vinaigrette Petersilie, Kerbel und Pimpinelle hacken. Borretsch und Sauerampfer fein schneiden. Schnittlauch in Röllchen schneiden, Kresse vom Beet schneiden. Alles mit Brühe, Essig, Senf, Meerrettich, Zucker und Öl zu einer Vinaigrette verrühren. Die Kartoffeln halbieren oder vierteln und untermischen. Salat mit Salz, Essig und Pfeffer abschmecken.

Für den gegrillten Lachs: Lachs mit Salz, Zucker und Zitronensaft marinieren und 30 Minuten kalt stellen. Dünn mit Olivenöl bestreichen und auf dem Grill oder in einer Grillschale bei mittlerer Glut-Hitze auf einer Seite 3–4 Minuten grillen. Wenden und weitere 1–2 Minuten grillen. Zum Salat servieren.

ZUTATEN

für 4 Personen

Für den Pellkartoffel-Salat:

800 g kleine, festkochende Kartoffeln

Salz

1 Bund Kräuter (Petersilie, Kerbel, Pimpinelle, Borretsch, Sauerampfer, Schnittlauch)

1 Beet Kresse

100 ml kalte Gemüsebrühe (S. 157 oder gekauft)

3–4 EL Kräuteressig (wahlweise Weißweinessig)

1–2 TL scharfer Senf

1–2 TL frisch geriebener Meerrettich

1–2 TL Zucker

3–4 EL mildes Rapsöl

2–3 EL Olivenöl

Pfeffer

Für den gegrillten Lachs:

4 Lachsfilets à ca. 150 g, ohne Haut und Gräten

Salz

etwas Zucker

2 EL Zitronensaft

Olivenöl zum Bestreichen

Der Salat kann gut zuhause vorbreitet werden und hält gekühlt 1–2 Tage – frisch mariniert schmeckt er allerdings am besten. Es empfiehlt sich, die gekochten Kartoffeln und die Vinaigrette getrennt verpackt mit auf die Reise zu nehmen und den Salat vor Ort frisch zu marinieren. Den Lachs am besten vakuumiert und tiefgefroren im Schichtsystem (S. 19/20) mit auf die Reise nehmen, bis zu 2 Tage dauerte das Auftauen im Test.

Der Pellkartoffelsalat ist vegan. Statt Lachs schmecken zum Beispiel die Pilzspieße (S. 82) sehr gut dazu.

ASIA-NUDELSALAT „KUNG FU CURLY“

ZUTATEN

für 4 Personen

4 Mu-Err-Pilze (optional)

1 EL schwarzer oder heller Sesam, auch gemischt

100 g Zuckerschoten

250 g Mie-Nudeln

1 TL Kurkuma (optional)

Salz

Mini-Maiskolben aus dem Glas (180 g EW)

1 rote Paprika

1 EL eingelegter Sushi-Ingwer

½ Knoblauchzehe

5 EL süße Sojasauce

2 EL Gemüsebrühe (S. 157 oder gekauft)

1–2 EL Reisessig (wahlweise Weißweinessig)

2–3 EL süße Chilisauce

2 EL Sonnenblumenöl

1–2 Tropfen dunkles Sesamöl

Frische und eingelegte Gemüse vermählen sich hier mit Mie-Nudeln zum perfekten Snacksalat für zwischendurch und unterwegs.

ZEIT

Zubereitungszeit: 25 Minuten

ZUBEREITUNG

Mu-Err-Pilze klein schneiden und in kochendem Wasser ohne Salz 15 Minuten kochen. Abgießen und in kaltem Wasser gründlich waschen. Inzwischen den Sesam in einer Pfanne ohne Fett rösten, bis er beginnt in der Pfanne zu „springen“.

Zuckerschoten schräg in Rauten schneiden und mit den Nudeln und Kurkuma in Salzwasser nach Packungsanweisung kochen. Abgießen und in kaltem Wasser abbrausen. Im Sieb abtropfen lassen. Maiskolben längs halbieren. Paprika entkernen und in Streifen schneiden.

Sushi-Ingwer fein hacken, Knoblauchzehe pellen und fein würfeln und beides mit Sojasauce, Brühe, Essig, süßer Chilisauce, Öl und Sesamöl zu einer Vinaigrette anrühren. Alle Zutaten damit mischen. Salat mit Salz würzen.

Der Salat kann zuhause vorbreitet werden und hält dann gekühlt 1–2 Tage. Frisch zubereitet schmeckt er allerdings am besten. Die Vinaigrette kann man zuhause anrühren und gekühlt im Twist-off-Glas mit auf die Reise nehmen. Auch der Sesam lässt sich vorab rösten.

Schmeckt sehr gut auch mit frisch gebratenen Sprossen oder Wokgemüse-Resten. Frischer Koriander, der kurz vor dem Servieren gezupft und untergehoben wird, macht den Salat noch aromatischer.

Wenn man Mie-Nudeln ohne Ei verwendet, wird das Gericht vegan.

Asia-Nudelsalat „Kung Fu Curly“

Nudelsalat

NUDELSALAT ALTE SCHULE (DON'T CALL IT A COMEBACK!)

Irgendwann ist er aus der Mode gekommen, müde belächelt, oft ignoriert – und dennoch ist er all die Jahre unermüdlich auf jeder Party aufgetreten, hat nie aufgegeben, ist sich immer treu geblieben. Das ist einen Applaus wert, finden wir: Ladys and Gentlemen, heute in Bestform, the one and only: Nudelsalat!

ZEIT

Zubereitungszeit: 20 Minuten

ZUBEREITUNG

Erbsen palen, tiefgefrorene Erbsen in warmem Wasser auftauen. Nudeln nach Packungsanweisung in Salzwasser kochen, Erbsen 3 Minuten vor Ende der empfohlenen Garzeit zugeben. Nudeln und Erbsen abgießen und unter kaltem Wasser abkühlen. Im Sieb gut abtropfen lassen.

Mais, Perlzwiebeln und Paprika abtropfen lassen. Cornichons in Scheiben schneiden. Aus Joghurt, Mayonnaise, Ketchup, Paprikapulver und Senf ein Dressing anrühren. Das Dressing mit 1 EL Gewürzgurkenwasser, Salz und ein paar Tropfen Tabasco abschmecken. Mit den Nudeln mischen und eventuell nochmals nachwürzen.

ZUTATEN

für 4 Personen

500 g frische Erbsen (ersatzweise 150 g TK-Erbsen)

250 g kleinformatige Lieblingsnudeln (z.B. Trulli, Spiralnudeln, Hörnli)

Salz

1 kleine Dose Mais (212 g EW)

50 g Perlzwiebeln aus dem Glas

1 Glas Paprikastreifen (370 g EW)

50 g Cornichons oder Gewürzgurken

150 g Sahnejoghurt

150 g Mayonnaise

50 g Ketchup (S. 104)

1 EL Paprikapulver, edelsüß

1 EL Dijonsenf

Salz

Tabasco

Nudelsalat lässt sich gut vorbereiten und hält gekühlt locker 2–3 Tage. Mit der Zeit saugen die Nudeln allerdings das Dressing auf, der Salat muss dann eventuell nochmals nachgewürzt und mit etwas Gurkenwasser, Milch oder Joghurt wieder etwas cremiger gerührt werden.

Alles darf, nichts muss. Sehr gut passen zum Beispiel Kirschtomaten oder Oliven, Kapern, frische Kräuter, Zucchinischeiben, Schinken oder Käsestreifen, gehackte Eier, Kresse …

Französischer Brotsalat

FRANZÖSISCHER BROTSALAT

Inspiriert vom italienischen Brotsalat „Panzanella“ mit sonnenreifen Tomaten und Basilikum kommt die französische Version zusätzlich mit Kapernäpfeln, Oliven, Perlzwiebeln und grünem Salat auf den Tisch. Zum Genießen und satt essen. Enchanté!

ZEIT

Zubereitungszeit: 25 Minuten

ZUBEREITUNG

Salatgurken halbieren und in dickere Halbkreise schneiden. Salzen und zur Seite stellen. Tomaten entstrunken und grob würfeln, Kirschtomaten halbieren oder vierteln. Kapernäpfel vom Stil schneiden und halbieren. Perlzwiebeln und Oliven abtropfen. Das Brot fein würfeln. Salat zupfen, waschen und trocken schleudern (am besten in einem Geschirrtuch).

Schalotte und Knoblauch pellen, halbieren, fein würfeln und mit je 1 EL Perlzwiebeln und Kapernäpfel-Sud verrühren. Essig und Öl zugeben und unterrühren. Vinaigrette mit Zucker, Senf, Salz und Pfeffer würzen.

Basilikumblätter fein zupfen und alle Zutaten miteinander mischen. Mit der Vinaigrette marinieren, eventuell nochmals mit Salz, Pfeffer und Essig abschmecken.

ZUTATEN

für 4 Personen

2 Mini-Salatgurken
Salz
4 rote Tomaten
100 g gelbe Kirschtomaten
2 EL Kapernäpfel aus dem Glas
1 EL Perlzwiebeln aus dem Glas
1 EL grüne Oliven ohne Stein
½ Baguette (wahlweise Chiabatta, Fladenbrot oder Weißbrot)
1 Handvoll grüner Salat
1 Schalotte
1 junge Knoblauchzehe
4 EL Weißweinessig
6–8 EL Olivenöl
1 Prise Zucker
1–2 TL Dijon-Senf
Pfeffer
2 Zweige Basilikum

Das Dressing lässt sich vorbereiten und im Twist-off-Glas mit auf die Reise nehmen, ist aber auch auf dem Campingplatz schnell angerührt. Der grüne Salat lässt sich schon zuhause putzen und vorschnippeln und, nicht gänzlich trocken geschleudert, luftig in Zipper-Beutel gepackt und gut gekühlt mit auf die Reise nehmen.

1–2 fein gehackte Sardellen machen die Vinaigrette noch würziger. Zum Salat passt Gegrilltes ebenso wie marinierte Sardinen aus der Dose (S. 173) oder hausgemachte Pastete aus dem Glas (S. 38).

REISSALAT DIJONAISE

ZUTATEN
für 4 Personen

500 g frische Erbsen (ersatzweise 150 g TK-Erbsen)
150 g Langkornreis
Salz
100 g Sahnejoghurt
150 g Mayonnaise
1 EL Dijonsenf
1 EL grober Senf
1 TL Estragonessig (ersatzweise Weißweinessig)
1 TL Zucker
80 g Perlzwiebeln aus dem Glas
4 Zweige Estragon
150 g Lyoner-Wurst in Streifen
Cayennepfeffer

Der Campingtisch wird zum Bistro mit karierter Tischdecke, französischem Landwein und diesem eleganten Reissalat mit Lyoner-Wurst, Erbsen und Perlzwiebeln in leichtem Dijonsenf-Dressing.

ZEIT

Zubereitungszeit: 25 Minuten

ZUBEREITUNG

Erbsen palen, tiefgefrorene Erbsen in warmem Wasser auftauen. Reis nach Packungsanweisung in Salzwasser kochen, Erbsen 3 Minuten vor Ende der empfohlenen Garzeit zugeben.

Aus Joghurt, Mayonnaise, Dijonsenf, grobem Senf, Essig, Zucker und 1 EL vom Perlzwiebelsud ein Dressing anrühren. Estragon fein schneiden und unter das Dressing rühren.

Gegarten Reis abgießen und unter kaltem Wasser abschrecken. Im Sieb gut abtropfen lassen. Lyoner in feine Streifen schneiden und mit den abgetropften Perlzwiebeln zum Reis geben. Mit dem Dressing marinieren, mit Salz und einem Hauch Cayennepfeffer abschmecken.

Reissalat lässt sich gut vorbereiten, sollte aber gut gekühlt auf die Fahrt mitgenommen werden. Dann hält er 1–2 Tage.

Der Salat ist eine schöne Zwischenmahlzeit. Wenn er als Begleitung zum Grillfest gereicht werden soll, einfach die Lyoner weglassen, dann passt er zu allem Grillfleisch und Fisch.

Statt mit Lyoner schmeckt der Salat auch mit Käsestreifen.

Reissalat Dijonaise

VEGGIE-GRILLPARTY!

PILZSPIESSE

für 4 Spieße

VORBEREITUNG: *2 Kräuterseitlinge* quer in dickere, runde Scheiben schneiden. *1 rote Zwiebel* pellen, vierteln und die Häute voneinander trennen. *1 rote Paprika* vierteln, entkernen und in Stücke schneiden. Alle Zutaten abwechselnd auf 4 Grillspieße ziehen. *1 TL Nussöl* (wahlweise 2–3 Tropfen Sesamöl) und *3 EL Olivenöl* miteinander verrühren, die Spieße damit bestreichen. Bis zum Grillen kalt stellen. **GRILLEN:** Auf dem Grill gelingen die Spieße bei mittlerer Kohlenhitze am besten und sollten unter gelegentlichem Wenden in 8–10 Minuten gegrillt werden. Erst vor dem Servieren mit etwas *Salz* würzen.

HALLOUMI-STICKS MIT MINZE UND ZITRONE

für 4–6 Personen

ZUBEREITUNG: *400 g Halloumi-Bratkäse* in dicke Streifen schneiden und diese auf Holzspieße ziehen. Je *1 Thymian-* und *1 Rosmarinzweig* fein hacken und mit *6 EL Olivenöl*, *½ TL getrocknetem Oregano*, *1 TL Paprikapulver, edelsüß*, und *Chiliflocken* nach Geschmack ein Würzöl anrühren. Spieße damit bestreichen. **GRILLEN:** Spieße bei mittlerer bis kräftiger Gluthitze unter gelegentlichem Drehen 3–5 Minuten grillen. Mit *Zitronenschnitzen* und *1 Handvoll gezupfter frischer Minze* servieren.

MAISKOLBEN MIT KRÄUTERBUTTER

für 4 Personen

ZUBEREITUNG: *8 Maiskolben* in Wasser mit *4 EL Zucker* zugedeckt 8 Minuten kochen. Auskühlen lassen. **GRILLEN:** Maiskolben dünn mit *Grillbutter nach Wahl* (S. 67) bestreichen und bei mittlerer Gluthitze unter gelegentlichem Drehen in 10–12 Minuten grillen. Erst vor dem Servieren mit etwas *Salz* würzen und zusätzlich Grillbutter servieren.

SHIITAKE MIT GRILLBUTTER UND PIMIENTOS

für 4 Personen

ZUBEREITUNG: Von *12 größeren Shiitake-Pilzen* den Stil abschneiden. 1 Handvoll *Pimientos de Padrón* dünn mit *Olivenöl* bestreichen und bei milder Gluthitze 6–8 Minuten zugedeckt grillen, dabei öfter wenden. Shiitake-Pilze mit den Lamellen nach oben auf den Grill legen, mit etwas *Grillbutter nach Wahl* (S. 67) belegen und bei milder Kohlenhitze zugedeckt 4–6 Minuten grillen. Erst unmittelbar vor dem Servieren mit etwas *Salz* würzen.

Die Sticks können mariniert im Zipper-Beutel auf Reisen gehen und halten gekühlt 1–2 Tage.

Die Maiskolben halten gekühlt 2–3 Tage. Gewürzbutter lässt sich gefroren und gekühlt mitnehmen.

Pilze und Pimientos halten unbehandelt und gekühlt 3–4 Tage.

Halloumi-Sticks mit Minze und Zitrone

EXPLORER PRO

KARTOFFEL-SALAT

Super Reste-Salat, wenn Kartoffeln übrig sind! *Gekochte Kartoffeln* mundgerecht würfeln und mit ein *paar Esslöffeln Paprika-Dip* (gekauftem Ajvar oder selbstgemacht S. 179), *grünen Oliven* und ein paar *gezupften Basilikumblättern* vermischen. Nach Geschmack mit *Weißweinessig, Salz und Pfeffer, Chili oder Tabasco* würzen.

SÜSSKARTOFFELN VOM GRILL

Süßkartoffeln sind eine echte Alternative zu Backkartoffeln und werden auch genauso hergestellt: *Kartoffeln* mit Schale je nach Größe 25–35 Minuten in *Salz*wasser kochen. Abgießen und abkühlen lassen. Knollen einzeln in leicht ge*öl*te Alufolie wickeln und gekühlt mit auf die Reise nehmen. Kartoffeln in der Folie auf dem Grill erwärmen, dabei öfter drehen, je nach Hitzezufuhr dauert das ca. 20 Minuten. Mit *Lieblingsbutter* (S. 67) ein vegetarischer Genuss, der zu jeder Art von Grillerei schmeckt.

EINE STADT AUS LICHT UND EISEN ...

DEUTSCHLAND

MELT! FESTIVAL

MELT!

Electro, Dance, Techno, Indie-Rock, Drum 'n' Bass, Wave & New Wave, Dubstep, Trance, Hip-Hop, House, Minimal, EBM, Synthie Pop, Trip Hop, Disco & DJ Culture

LAGE: *Ferropolis, Gräfenhainichen, Deutschland*

TEILNEHMER: *~20.000*

DAUER: *3 Tage*

BANDS: *~125*

MITTEN IN UNBERÜHRTER NATUR RAGEN GIGANTISCHE SCHAUFELBAGGER IN DEN HIMMEL

FERROPOLIS

MAD MAX

BIG WHEEL

MELT!

Eine Stadt aus Licht und Eisen, Computerwelt und Stromgitarren, schlafen können wir zuhause. Melt! ist magisch, ein Tanz durch die Nacht, der Bass pulsiert, das Herz geht mit.

Stadt aus Eisen! Ferropolis! Der ehemalige Braunkohletagebau nahe dem Städtchen Gräfenhainichen, unweit von Dessau, zwischen Leipzig und Berlin gelegen, ist ein Freiluftmuseum. Mitten in unberührter Natur ragen gigantische Schaufelradbagger in den Himmel und riesige, sogenannte Absetzer. Sie tragen Spitznamen wie *Mad Max* und *Big Wheel*, heißen *Gemini* und *Medusa*, sind bis zu 40 Meter hoch und bis zu 130 Meter lang, monumentale Kolosse einer vergangenen Industrie-Kultur.

Eine Kulisse zwischen Fritz Langs Stummfilmepos *Metropolis* von 1927 und der musikalischen Computerwelt der deutschen Technopioniere Kraftwerk. Ferropolis ist ein Kraftort. Zweimal im Jahr gehen dort auch nachts die Lichter an, die alten Bagger fördern dann wieder: und zwar Lebensfreude! Erst kommen Hip Hop und das splash!-Festival, kurz drauf elektronische Klänge und Indierock beim legendären Melt!-Festival, das seit 1997 hier beheimatet ist. Hier treffen wir Freunde aus Hamburg und Berlin, hier ist nicht nur das Line-up international: 50 Prozent der 20.000 Besucher reisten 2015 aus dem Ausland an, für ein Wochenende zwischen Subkultur und Mainstream, mit viel Natur und reichlich Party.

Tagsüber entspanntes Chillen am Zelt, ein Fotoshooting, eine Lesung vielleicht, ein Workshop oder eine Fahrradtour, ein Treffen mit Make-up-Artists, Glitzertatoos und Blumen im Haar. Auch schön: Sonnenbaden am Gremminer See, dort, wo einst die kleine Gemeinde Gremmin stand, die 1982 dem Bergbau weichen musste. Nachts beginnt die Baggerstadt zu funkeln, atemberaubende Video-, Laser- und Lichtinstallationen tauchen die Stahlriesen in ein buntes, bewegtes Lichtermeer, erhellen die Nacht. Der Tanz unter tausend Lichtern kann starten. Schöne Menschen, klare Beats und mächtige Bässe, Stromgitarren und leise Töne, ein großes Fest des Lebens und der Möglichkeiten beginnt.

Acht Stages gibt es, alle haben schon hier gespielt, ein paar Namen nur: *Gossip* und *Modeselektor, Underworld, Oasis, Pulp* und *Portishead*, die *Pet Shop Boys* und *Mando Diao, Deichkind, DAF* und die *Kalkbrenners, Fritz* und *Paul*. Geschlafen wird eigentlich nie in Ferropolis, nach den Konzerten gibt es DJ-Sets und der *Sleepless Floor* bittet zum Tanz in der Morgensonne. Der nächste Spontan-Rave findet meist vor dem Nachbarzelt statt – wer sich doch mal erholen will, tut das auf den regulären Campingareas, auf dem ruhigeren *Green-Camping*-Platz oder, mit mehr Komfort zum kleinen Aufpreis, beim *Camping Plus*. Wen wundert es: Das Melt! wurde bei den *European Festival Awards* bereits in den Kategorien „Artist's Favourite Festival", „Best Medium-Sized Festival" und „Green 'N Clean" nominiert. Das Publikum liebt es sowieso. Entsprechend schnell ist es ausverkauft. Die Vorfreude auf das Leben in Ferropolis beginnt nämlich immer bereits: am Tag der Abreise.

SRs 1300 TAKRAF 1521
DISCO

MELT! 2015 FREU
PLAY IT LOUD!
Glitter
MELT
INF
RUNN
OR
MA

Heart Beat

Don't Mess
with my
Maß

BOOTSMANN
TORNADO
Aight
PN 192

BRXTN
ATZE!
Gib's mir, Ba

the wurst case...

SAIBLING MIT RÄUCHERPAPRIKA-MAYONNAISE UND CHIPS

ZUTATEN

für 2–4 Personen

1 Zitrone

4 Zweige Zitronenthymian (wahlweise Thymian)

2 Zweige Rosmarin

1 Bachsaibling, ca. 600 g, ausgenommen (wahlweise Forelle oder Lachsforelle)

Salz

3 EL Olivenöl

150 g Mayonnaise

1 Spritzer Estragonessig (wahlweise Weißweinessig)

½ TL Tomatenmark

1 TL Paprikapulver, edelsüß

1 Msp. Räucherpaprika Pimentón de la Vera

Kartoffelchips nach Geschmack

Dieses elegante Fisch-Grillgericht ist von einem britischen Pub-Klassiker inspiriert und kombiniert in Folie gegarten Bachsaibling mit pikant scharfer Räuchermayonnaise und knusprigen Kartoffelchips. Gut geeignet auch als kleine, besondere Vorspeise für bis zu sechs Personen bei der Campingplatz-Grillparty.

ZEIT

Zubereitungszeit: 20 Minuten

ZUBEREITUNG

Zitrone in dünne Scheiben schneiden und mit den Kräutern auf dem Fisch und im Bauch des Fisches verteilen. Fisch mit Salz würzen, mit Olivenöl beträufeln und in doppelt gelegte Alufolie einschlagen. Auf dem Grill bei mittlerer Gluthitze zugedeckt 12–15 Minuten garen, dabei einmal wenden.

Inzwischen die Mayonnaise mit Essig, Tomatenmark, Paprikapulver, edelsüß, Räucherpaprika und Salz würzen.

Fisch häuten und zerlegen, das Fleisch warm mit Räucherpaprika-Mayonnaise und Chips servieren.

Den Fisch kann man gefroren im Schichtkühlsystem (S. 19/20) mit auf die Reise nehmen, bis zu 2 Tage dauert es, bis er aufgetaut ist. Frisch schmeckt Fisch allerdings am besten und es lohnt, bei der Routenplanung zu schauen, wo sich auf der Strecke eine Stadt mit Fischfachhandel befindet.

Der Fisch schmeckt auch zu Blattsalaten (S. 65) toll.

Die Räucherpaprika-Mayonnaise ist vegetarisch und passt auch zu allen vegetarischen Grillrezepten (S. 82, S. 85) sehr gut.

Saibling mit Räucherpaprika-Mayonnaise und Chips

Fischpäckchen mit Oliven-Rauchmandel-Tapenade und Provençe-Grillgemüse

FISCHPÄCKCHEN MIT OLIVEN-RAUCHMANDEL-TAPENADE UND PROVENÇE-GRILLGEMÜSE

Knuspriger Speck hält die Fischfilets mit Oliven-Rauchmandel-Tapenade zusammen und sorgt dafür, dass nichts am Grillrost hängen bleibt. Gleich daneben grillt buntes Provençe-Gemüse als perfekte Beilage.

ZEIT

Zubereitungszeit: 35 Minuten

ZUBEREITUNG

Für das Grillgemüse: Paprika entkernen und vierteln, Aubergine und Zucchini längs in dünne Scheiben schneiden. Thymian und Rosmarin grob zupfen, Knoblauch pellen und achteln. Alle Zutaten in eine Box schichten und mischen, dabei mit Olivenöl beträufeln, mit Pfeffer würzen.

Für die Fischpäckchen: Knoblauch pellen und mit Oliven, Mandeln und 2 EL Olivenöl im Mixer pürieren. Das Fischfilet in 12 möglichst gleichgroße Stücke schneiden und dünn mit der Tapenade bestreichen. Übrige Tapenade beiseitestellen. Schinkenscheiben längs halbieren und die Fischfilets in je ½ Scheibe Schinken einwickeln.

Die Gemüse salzen und auf dem Grill oder in einer Grillschale bei mittlerer Temperatur 10–12 Minuten grillen, dabei ab und zu wenden. Die Fischpäckchen dünn mit Olivenöl bestreichen und auf dem Grill von jeder Seite 3–4 Minuten grillen. Mit dem Gemüse und übriger Tapenade servieren.

ZUTATEN

für 6 Personen

Für das Grillgemüse:

- je 1 rote und grüne Paprika
- 1 kleine Aubergine
- je 1 gelbe und grüne Zucchini
- 6 Zweige Thymian
- 4 Zweige Rosmarin
- 2 Knoblauchzehen
- ca. 100 ml Olivenöl
- Pfeffer
- Salz

Für die Fischpäckchen:

- 1 Knoblauchzehe
- 150 g grüne Oliven ohne Stein
- 50 g Rauchmandeln (wahlweise geröstete Pinienkerne)
- 2 EL Olivenöl + Öl zum Grillen
- 6 Scheiben luftgetrockneter Schinken (z.B. Serano- oder Parmaschinken)
- 500 g Steinbeißer-Filet, entgrätet, ohne Haut (wahlweise Rotbarsch oder Seelachs)

Das Grillgemüse kann mariniert und gekühlt mit auf die Reise gehen, es hält sich 1–2 Tage. Die Fischpäckchen lassen sich vorbereiten und zwischen Backpapierschichten gelegt gefroren in einer Box im Schichtkühlsystem (S. 19/20) mitnehmen, 1–2 Tage dauert es, bis der Fisch aufgetaut ist. Frisch schmeckt Fisch allerdings am besten und es lohnt, bei der Routenplanung zu schauen, wo sich auf der Strecke eine Stadt mit Fischfachhandel befindet. Die Tapenade hält im Schraubglas auch ungekühlt 1–2 Tage und schmeckt auch solo auf Brot oder zu Grillgerichten.

Das Grillgemüse ist vegan und passt beispielsweise auch gut zu den Pilzspießen (S. 82).

GEGRILLTER CHEESEBURGER

Damit der perfekte Cheeseburger vom Grill gelingt, und das auch noch weit weg von zuhause, gibt es ein paar Kleinigkeiten zu beachten.

für 4 Personen

VORBEREITUNG:

Für Grill-Burger eignet sich *Rindfleisch aus der Schulter oder Querrippe: 700 g* in dicke Streifen schneiden und für einen fleischigen Biss durch die grobe Scheibe des Wolfs lassen. Für die Stabilität der Patties ungefähr ⅓ der Hackmasse ein zweites Mal wolfen. Mit *8–10 g Salz* würzen und locker zusammenkneten. Aus der Hackmasse 6 Burger-Patties à ca. 120 g formen. Leicht flach drücken (ca. 2 cm dick), nebeneinander in Zipper-Beutel legen und mit einem Strohhalm ein Vakuum herstellen (s. S. 19). 1 Stunde im Kühlschrank ruhen lassen, dann einfrieren.

KÜHLUNG:

Hackfleisch ist nur bedingt reisetauglich und sollte immer sehr gut gekühlt werden. Wer keinen Camper mit Kühlschrank sein eigen nennt, kauft am besten beim letzten Metzger vor dem Zielort oder macht zuhause die Burger-Patties nach Anleitung, die dann gefroren im Schichtkühlsystem auf die Reise gehen. Auch dann sollten die Patties gleich am ersten Reisetag auf den Grill.

GRILLEN:

Die Kohle sollte gleichmäßig durchgeglüht und rot glimmend von einer dünnen Ascheschicht überzogen sein. Die aufgetauten Patties kurz zwischen Küchenpapier trocken tupfen, dünn mit *Olivenöl* einreiben und auf den Grillrost legen. 4–5 Minuten grillen. Dann wenden und nochmals 1 Minute grillen. Patties mit je *1–2 Scheiben Käse belegen (ich liebe eine würzige Mischung aus Ziegengouda und Cheddar oder Gruyère-Käse!)* und weitere 2 Minuten zugedeckt grillen.

DAZU:

Schmeckt am besten in warmen, leicht angerösteten *Burgerbrötchen* vom Grill. Nach Wunsch mit *Kräuterbutter* bestreichen (S. 67), mit *Blattsalat* (S. 65), frischen *Tomaten*, *Zwiebeln* und *Paprikaketchup* (S. 104) servieren.

Gegrillter Cheeseburger

Hähnchen vom Grill

HÄHNCHEN VOM GRILL

Ein Hähnchen vom Grill schmeckt einzigartig. Das bekommt man zuhause im Ofen so nicht hin, diese rauchige Würze, die entsteht, wenn man das Hähnchen zugedeckt über der glühenden Kohle gart. Ein Hähnchen macht zwei bis vier Leute glücklich, für eine größere Runde macht man Pulled-Chicken-Burger aus dem saftig-würzigen Hähnchenfleisch (S. 104).

ZUTATEN

für 2–4 Personen

1 Hähnchen (ca. 1 kg), vom Metzger mittig halbieren lassen

4 EL Olivenöl

½ unbehandelte Zitrone

1 Knoblauchzehe

½ TL Fenchelsaat

je 1 Zweig Thymian und Rosmarin

½ TL getrockneter Oregano

Salz

ZEIT

Zubereitungszeit: 40 Minuten

ZUBEREITUNG

Hähnchenhälften auf der Fleischseite 3- bis 4-mal einschneiden. Olivenöl in einer Schüssel mit der fein abgeriebenen Schale und dem Saft der Zitrone verrühren. Knoblauch pellen, mit Fenchelsaat, Rosmarin und Thymian fein hacken und mit getrocknetem Oregano unters Öl rühren.

Hähnchenhälften mit dem Öl einreiben und zugedeckt im Kühlschrank mind. 30 Minuten ziehen lassen. Hähnchen salzen. Auf dem Grill auf der Fleischseite bei milder Hitze und mit Deckel 10 Minuten grillen. Wenden und weitere 10 Minuten zugedeckt grillen. Zum Schluss nochmals auf der Fleischseite zugedeckt 10 Minuten grillen.

Das roh marinierte Hähnchen muss immer sehr gut gekühlt sein und sollte, wenn es mit auf Reisen geht, an dem Tag, an dem es mariniert wird, auch zubereitet werden. Durch Einfrieren und Transport in einer geschlossenen Kühlbox ist die Kühlung über einen Transportweg von einigen Stunden gesichert. Bei unseren Versuchen mit dem Schichtsystem (S. 19/20) waren die marinierten Hähnchenhälften in einem Zipper-Beutel mit Vakuum (S. 19) auch am zweiten Tag noch komplett gefroren.

PAPRIKAKETCHUP

Zubereitungszeit: 40 Minuten

VORBEREITUNG:

Für ca. 750 ml Ketchup *250 g Gemüsezwiebeln* pellen, fein schneiden und salzen. In einem Bräter mit *4 EL Olivenöl* bei mittlerer Hitze 10 Minuten hellbraun braten und weich schmoren. *1 Glas gegrillte Paprika (340 g EW)* grob hacken und mit *200 g Zucker* unter die Zwiebeln rühren. Zucker schmelzen. *2 EL Tomatenmark* und *4 EL Paprikapulver, edelsüß*, unterrühren. Mit *100 ml Weißweinessig* ablöschen, *425 g stückiges Tomatenragout* zugeben, aufkochen und mit dem Schneidstab fein pürieren.

Offen bei milder Hitze ca. 30 Minuten dicklich einkochen, leicht salzen. Durch ein Sieb passieren und durch einen Trichter in eine saubere, heiß ausgespülte Twist-off- oder Bügelverschluss-Flasche füllen.

Der Ketchup kann ganz individuell gewürzt und wahlweise verfeinert werden mit:

1 Knoblauchzehe

20–30 g frisch geriebener Ingwer

1 Msp. Räucherpaprika Pimentón de la Vera

1–2 EL mildem Madras-Currypulver

1–2 TL Garam Masala

1–2 TL Ras el-Hanout

30–50 g Chipotle-Adobo-Sauce (Vorsicht, scharf!)

1 EL roter Currypaste

2 TL japanischer Miso-Paste

Ausgewählte Zugabe einfach zu den gebräunten Zwiebeln geben, mitpürieren und einkochen lassen.

Gekühlt hält der Ketchup mindestens 6 Wochen und wird nach kurzer Lagerzeit sogar noch aromatischer.

PULLED-CHICKEN-BURGER

Vorbereitungszeit (Hähnchengrillen plus Zeit zum Abkühlen): 50 Minuten
Zubereitungszeit: 10 Minuten

VORBEREITUNG:

1 Handvoll grünen Salat zupfen, waschen und trocken schleudern. *1 Hähnchen vom Grill* (S. 103) etwas abkühlen lassen, dann das Fleisch mit Hilfe zweier Gabeln, Messer und Händen abziehen und zerrupfen.

Idealerweise halbiert währenddessen eine andere Person *8–12 Burger Buns* und röstet sie auf dem offenen Grill von beiden Seiten leicht an. Vor dem Servieren *1 Apfel* vom Kerngehäuse befreien und so dünn wie möglich in Scheiben schneiden. Unterseiten der Burger mit Hähnchenfleisch, Salat und frischen Apfelspalten belegen. Mit *Paprikaketchup* (s. links, wahlweise Barbecuesauce oder Ketchup) besprenkeln, die Burger-Deckel aufsetzen und die Burger servieren.

Pulled-Chicken-Burger

Paprikaketchup

DOIN' THE TOMAHAWK

Das Tomahawk-Steak ist eigentlich ein Rib-Eye-Steak, eine Entrecôte-Hochrippe mit extralangem Knochen, und das gute Stück wiegt ungefähr 1 kg. Es sollte immer im Ganzen gebraten und dann als Höhepunkt eines Grillfestes für 4–6 Personen aufgeschnitten werden. Wenn zuvor schon reichlich gegrillt und „Salate satt" serviert wurden, macht man mit den saftigen Fleischstreifen auch 6–8 Personen glücklich.

VORBEREITUNG

Das Fleisch sollte nicht direkt aus dem Schichtsystem heraus (S. 19/20) gegrillt werden, sondern vorab etwas auf Temperatur kommen. Ein so großes Stück Fleisch braucht dafür länger, als man meinen könnte. Bis die vielzitierte *„Raumtemperatur"* von *18–20 Grad* erreicht ist, vergehen oft Stunden. Unterwegs ist es, gerade im Sommer, oft viel heißer, da muss man mit Fingerspitzengefühl abwägen. Das gekühlte Fleisch kalt abspülen, mit Küchentuch trocken tupfen und für *3–4 Stunden* zugedeckt (!) Temperatur nehmen lassen. Im Sommer an einem schattigen Ort in weniger als der Hälfte der Zeit.

GRILLEN

Die Kohle sollte *gleichmäßig durchgeglüht und rot glimmend* von einer dünnen Ascheschicht überzogen sein. Fleisch dünn mit 3 EL *Olivenöl* einreiben und auf den Grillrost legen. Deckel aufsetzen und das Fleisch bei geöffneter Luftzufuhr 5 Minuten zugedeckt grillen. Fleisch wenden und nochmals 8 Minuten grillen. Die Luftzufuhr schließen, Fleisch wenden und weitere 5 Minuten zugedeckt grillen, dann nochmals wenden. *Rosmarin*, *Thymian* und zerdrückten *Knoblauch* aufs Fleisch geben und weitere 5 Minuten zugedeckt grillen. Mit *grobem Salz oder Fleur du Sel* würzen. *1 EL Butter* aufs Fleisch streichen, das Steak auf einem Holzbrett zugedeckt 5 Minuten ruhen lassen. Kräuter und Knoblauch entfernen, Fleisch in dicke Scheiben schneiden, *großzügig mit gutem Olivenöl beträufeln*, mit Salz nach Geschmack würzen, *pfeffern* und vom Brett genießen.

Zu einem Tomahawk-Steak serviert man bestes Olivenöl, Salz und Pfeffer – und sonst nichts.

Doin' the Tomahawk

Ražnjići-Spieße mit kroatischem Krautsalat

RAŽNJIĆI-SPIESSE MIT KROATISCHEM KRAUTSALAT

Die Spieße schmecken nach Urlaub am Meer und der kroatische Krautsalat aus zartem Spitzkohl ist ganz besonders: Er wird nicht geknetet und frisch zubereitet, schmeckt nussig dank gehackter Walnüsse und wird mit Kümmel, Fenchel, Dill, Weinessig, süßen Rosinen und gutem Olivenöl gewürzt. Eine echte Entdeckung!

ZUTATEN

für 4 Personen

Für die Ražnjići-Spieße:

400 g Schweinefilet

4 Scheiben durchwachsener Speck

1 Zwiebel

1 grüne Paprikaschote

½ TL Fenchelsaat

1 Knoblauchzehe

3 EL Olivenöl

1 TL getrockneter Oregano

1 TL Paprikapulver, edelsüß

Salz

Für den kroatischen Krautsalat:

1–2 EL Rosinen

150 ml Traubensaft

1–2 EL Walnusskerne

500 g Spitzkohl (wahlweise Jaroma-Kohl)

Salz

1 Msp. Kümmelsaat

1 Msp. Fenchelsaat

3–4 EL Weißweinessig (wahlweise Rotweinessig)

1 Bund Dill

5–6 EL gutes Olivenöl

ZEIT

Zubereitungszeit: 35 Minuten

ZUBEREITUNG

Für die Ražnjići-Spieße: Schweinefilet in dünne Scheiben zu ca. 25 g schneiden. Speck in passende Stücke schneiden. Zwiebel pellen, vierteln und die Häute voneinander trennen. Paprika vierteln, entkernen und in Stücke schneiden. Alle Zutaten abwechselnd auf 4 Grillspieße ziehen.

Fenchelsaat fein zerreiben, Knoblauch pellen und würfeln, alles mit Olivenöl, Oregano und Paprikapulver verrühren. Die Spieße damit bestreichen. Bis zum Grillen kalt stellen. Auf dem Grill gelingen die Spieße bei mittlerer Kohlenhitze am besten und sollten unter gelegentlichem Wenden in 8–10 Minuten gegrillt werden. Erst vor dem Servieren mit etwas Salz würzen.

Für den Krautsalat: Rosinen in Traubensaft kochen, bis alle Flüssigkeit verdampft ist. Walnüsse grob hacken und in einer Pfanne ohne Fett hellbraun rösten. Kohl entstrunken und so fein wie möglich schneiden oder hobeln. Kohl salzen. Kümmel und Fenchelsaat fein zerreiben und mit Essig unter den Kohl mengen. Dill fein schneiden und mit Olivenöl, Rosinen und Walnüssen unter den Kohl mengen.

Die kroatische Version von Krautsalat schmeckt am besten frisch. Er sollte nicht älter als 1 Tag werden, ist aber so einfach herzustellen, dass er sogar auf dem Campingplatz zubereitet werden kann. Rosinen und Walnüsse lassen sich dafür schon vorbereiten.

Statt mit Schweinefleisch und Speck lassen sich die Spieße auch mit Seitan herstellen.

LAMMKOTELETTS VOM SPIESS MIT ZAZIKI

ZUTATEN

für 4 Personen

Für die Lammkoteletts:

1 kleine Knoblauchzehe

2–3 Zweige Thymian oder Zitronenthymian

600–800 g Lammkoteletts

5 EL Olivenöl

Salz (optional grobes Meersalz oder Salzflocken)

Pfeffer

Für das Zaziki:

1 Salatgurke (Bio-Salatgurken verlieren weniger Wasser)

Salz

250 g griechischer Joghurt

2 EL + etwas Olivenöl

½ unbehandelte Zitrone

6 Zweige Dill

1 Prise Zucker

Fetakäse nach Geschmack

Der Klassiker aus Griechenland schmeckt am besten frisch zubereitet und unter blauem Himmel aufgetischt. Wer keine Reibe für die Salatgurke mitschleppen will, kann die Gurke fürs Zaziki auch einfach würfeln oder in feine Scheiben schneiden.

ZEIT

Vorbereitungszeit: 20 Minuten; Zubereitungszeit: 10 Minuten

ZUBEREITUNG

Für die Lammkoteletts den Knoblauch pellen und fein würfeln, Thymianblättchen abzupfen und alles mit dem Öl verrühren. Die Koteletts darin gekühlt einige Stunden marinieren.

Zaziki immer frisch zubereiten: Gurke grob raspeln, leicht salzen und beiseitestellen. Joghurt mit 2 EL Olivenöl, 1 Messerspitze fein abgeriebener Zitronenschale, 1–2 EL Zitronensaft und fein geschnittenem Dill glatt rühren. Gurken trocken ausdrücken und unter die Joghurtcreme mengen. Zaziki mit Salz und Zucker würzen. Nach Geschmack mit zerdrücktem Fetakäse bestreuen und mit etwas Olivenöl beträufelt servieren.

Lammkotelettes auf dem Grill bei mittlerer Hitze von jeder Seite 3–6 Minuten (medium bis durch) grillen. Mit Salz und Pfeffer würzen. Zum Zaziki servieren.

Die Lammkoteletts lassen sich zuhause marinieren und im Würzöl im Zipper-Beutel auch einfrieren und im Schichtkühlsystem (S. 19/20) transportieren. Sie tauen dann nur langsam auf und können 2–3 Tage mitreisen.

Lammkoteletts vom Spieß mit Zaziki

Rippchen vom Grill mit Thai-Krautsalat

RIPPCHEN VOM GRILL MIT THAI-KRAUTSALAT

Die Rippchen sind gelingsicher butterzart, denn sie werden zuhause vorgekocht, dann mariniert und später nur noch auf den Grill gelegt. Dazu passt der reisetaugliche, fruchtig-pikante Thai-Krautsalat mit Möhren, süßer Mango und Chili.

ZEIT

Vorbereitungszeit: 35 Minuten (plus Zeit zum Abkühlen der Rippchen); Zubereitungszeit: 10 Minuten

ZUBEREITUNG

Die Rippchen in einem Topf mit kochendem Salzwasser bei mittlerer Hitze 30 Minuten weich kochen. Herausnehmen und abkühlen lassen.

Inzwischen für den *Krautsalat* die Möhren mit einem Sparschäler schälen und dritteln. Die Stücke längs in dünne Scheiben, dann in feine Streifen schneiden. Spitzkohl entstrunken und in feine Streifen schneiden. Mango schälen, das Fleisch vom Stein schneiden und erst in Scheiben, dann in Streifen schneiden. Pfefferschote längs halbieren, Kerne entfernen und das Fruchtfleisch fein würfeln. Ingwer schälen und fein reiben. Alle Zutaten in eine Schüssel geben, salzen und mit Essig, Honig, Ingwer und Öl weich kneten.

Rippchen auf dem Grill bei milder Hitze und mit Deckel 12–15 Minuten grillen, dabei zweimal wenden. Zum Schluss mit Barbecuesauce bestreichen und noch 2 Minuten zugedeckt grillen. Zum Krautsalat servieren.

ZUTATEN

für 4 Personen

Für die Rippchen:

1 kg fleischige Schweinerippchen, vom Metzger in Stücke zu je 3–4 Rippchen zerteilt

Salz

6–8 EL Barbecuesauce

Für den Thai-Krautsalat:

2 Möhren

½ Kopf Spitzkohl (ca. 400 g)

½ Mango

¼–1 rote Pfefferschote

20 g frischer Ingwer

Salz

2–3 EL Reisessig (wahlweise Weißweinessig)

2 EL flüssiger Honig

3 EL Öl

1–2 Tropfen dunkles Sesamöl

Die Rippchen und der Salat halten gut gekühlt 2–3 Tage, die Rippchen lassen sich sogar eingefroren mit auf die Reise nehmen.

Etwas frisch gehackter Koriander und ein paar grob gehackte geröstete Erdnüsse machen den Thai-Krautsalat perfekt!

Der Krautsalat ist vegetarisch und mit den Gemüsespießen von S. 82 wird's eine super Grillparty für alle.

BULGUR-GEMÜSE-SALAT

ZUTATEN

für 4–6 Personen

je 1 rote und gelbe Paprika
2 Möhren
2 kleine Zwiebeln
Salz
8 EL Olivenöl
1 Knoblauchzehe
8 Backpflaumen
1 EL Ras el-Hanout
1 TL Currypulver
400 ml Gemüsebrühe (S. 157 oder gekauft)
Saft von 1 Orange
150 g Bulgur (7-Minuten-Instant-Bulgur)
Saft von 1 Zitrone
1 Mini-Salatgurke (Snackgurke)
150 g rote und gelbe Kirschtomaten
100 g gesalzene, geröstete Nussmischung

Der orientalische Gemüsesalat ist ein echter Allrounder, der zur Grillparty passt, aber auch solo oder als Abendessen mit etwas Fetakäse und einigen Oliven mundet.

ZEIT

Zubereitungszeit: 30 Minuten (plus Zeit zum Abkühlen)

ZUBEREITUNG

Paprika vierteln, entkernen und würfeln. Möhren schälen und in Scheiben schneiden, Zwiebeln in Spalten schneiden. Die Gemüse salzen und in einem Topf in 4 EL Olivenöl bei milder Hitze 10 Minuten braten und schmoren. Knoblauch in Scheiben schneiden, Backpflaumen hacken und zusammen mit Ras el-Hanout und Curry unter das Gemüse rühren. Mit Brühe und Orangensaft auffüllen. Bulgur einrieseln lassen, aufkochen, salzen und zugedeckt 8 Minuten bei milder Hitze ziehen lassen.

Bulgur auf ein Blech mit Backpapier stürzen und mit Zitronensaft und weiteren 4 EL Olivenöl sowie Salz würzen. Mit 2 Gabeln krümelig auflockern. Gurke längs vierteln und stückeln, Kirschtomaten halbieren und beides zum Bulgur geben. Nussmischung hacken und unter den Bulgur mischen.

Der Haltbarkeits-Champion unter den Salaten hält gekühlt 3–4 Tage und kann gut vorbereitet werden – mit einer kleinen Einschränkung: Tomaten und Gurken sollten immer erst vor Ort und kurz vor dem Servieren in den Gemüsesalat geschnippelt werden.

Mangostreifen oder Avocadostücke passen ebenfalls sehr gut in diesen Salat. Vor dem Servieren kann er noch mit frischer Minze bestreut werden.

Bulgur-Gemüse-Salat

ITALIENISCHER REISSALAT „TAGGIA"

ZUTATEN
für 4 Personen

50 g Langkornreis
Salz
1 Zucchini
7 EL Olivenöl*
200 g Kirschtomaten
2 Mini-Salatgurken
6 Zweige Dill
60–80 g Pecannüsse
2 EL Taggiasca-Oliven, entsteint, in Öl (wahlweise Niçoise-Oliven)
1 Knoblauchzehe
2–3 EL Weißweinessig
Pfeffer

Viel frisches Gemüse und Reis bilden die Basis für diesen italienischen Salat. Seine besondere Würze erhält er durch die kleinen süßen Taggiasca-Oliven aus dem ligurischen Ort Taggia. Der liegt nahe Sanremo, dem Heimatort des ältesten Musikfestivals Europas: Seit 1951 gibt es dort das Festival della canzone italiana. „VOLARE, OH, OH … CANTARE, OHOHOHO …"[5]

ZEIT

Zubereitungszeit: 25 Minuten

ZUBEREITUNG

Reis in Salzwasser nach Packungsanweisung kochen. Inzwischen die Zucchini in Scheiben schneiden und in einer Pfanne in 3 EL heißem Olivenöl hellbraun braten. Mit Salz würzen. Tomaten vierteln, Gurken längs vierteln, dann in dickere Scheiben schneiden.

Reis abgießen, in kaltem Wasser abkühlen, abtropfen und mit den vorbereiteten Zutaten mischen. Dill fein schneiden, Nüsse grob hacken und mit den Oliven untermengen. Knoblauch pellen und fein würfeln, mit Essig und 4 EL Olivenöl verrühren und den Salat damit marinieren. Mit Salz und Pfeffer würzen. Schmeckt nicht nur – wie hier im Bild – mit einem Nackensteak vom Grill, sondern auch zu allen vegetarischen Grillgerichten (S. 82, S. 85).

*
Für die Vinaigrette auch etwas vom Olivenöl verwenden, in dem die Taggiasca-Oliven eingelegt sind, das ist hocharomatisch!

Man kann den Reis vorkochen und eventuell auch schon die Zucchini braten, der Salat schmeckt aber frisch zubereitet am besten.

Etwas Fetakäse macht den Salat noch reicher und zu einer kleinen Zwischenmahlzeit.

Italienischer Reissalat „Taggia"

Falscher Pfirsichkuchen

FALSCHER PFIRSICHKUCHEN

Gegrillte (!), leicht karamellisierte Pfirsiche toppen den falschen Pfirsichkuchen, der wie ein extrem köstlicher Pfirsichkuchen schmeckt und alles hat, was ein echter Pfirsichkuchen braucht (knusprigen Boden, feine Creme, süße Pfirsiche). Der einzige Grund, warum er als „falsch" betitelt wird, ist der Umstand, dass er im Glas zum Auslöffeln gereicht wird. Ungerecht, finden wir.

ZUTATEN

für 4 Personen

4 Pfirsiche oder Nektarinen

2 TL brauner Zucker (ersatzweise Zucker)

400 g griechischer Joghurt

100 g Frischkäse

1 EL Zitronensaft

1 EL flüssiger Honig

8 Shortbread-Mürbteig-Kekse (ca. 160 g)

ZEIT

Zubereitungszeit 20 Minuten (plus Zeit zum Abkühlen der Pfirsiche)

ZUBEREITUNG

Die Pfirsiche halbieren und mit den Schnittflächen nach unten in eine Grillschale oder auf den sauberen Grillrost setzen. Bei mittlerer bis milder Gluthitze und geöffneter Luftzufuhr 5 Minuten grillen. Wenden, mit braunem Zucker bestreuen und zugedeckt weitere 3 Minuten grillen. Lauwarm abkühlen lassen, dann grob stückeln.

Joghurt und Frischkäse mit Zitronensaft und Honig glatt rühren. Kekse zerbröseln und auf Gläser oder Becher verteilen. Frischkäsemasse auf dem Keksbruch verteilen und mit den Pfirsichen toppen.

Die Dessertcreme lässt sich vorbereiten, ist aber auch auf dem Campingplatz schnell angerührt. Die Pfirsiche sollten immer frisch gegrillt werden und schmecken am besten, wenn sie noch lauwarm auf die Creme kommen.

S'mores

S'MORES

Ein süchtig machender Lagefeuer-Snack („some more") der US-amerikanischen Pfadfinderbewegung. Ein erstes Rezept dafür findet sich in einer 1927 veröffentlichten Publikation namens „TRAMPING AND TRAILING WITH THE GIRL SCOUTS". Das Grill-Dessert besteht aus 2 schokoladenüberzogenen Keksen (im Bild: GRANOLA), die mit Erdnusscreme und Johannisbeergelee bestrichen werden. Dazwischen klemmt ein weich gegrillter, leicht karamellisierter Marshmallow, der beim Reinbeißen süße Fäden zieht. In den USA ehrt man den Keksburger am 10. August, dem National S'mores Day!

GUTE MUSIK & BLÜHENDE WIESEN …

ACOUSTIC · LAKESIDE FESTIVAL · KÄRNTEN ·

ACOUSTIC LAKESIDE

Acoustic, Folk, Singer-Songwriter, Alternative, Jazz & Funk, Blues und Country, Indie-Rock'n'Pop, Heimatmusik und Worldbeats

LAGE: *Kärnten, Österreich*
TEILNEHMER: *~3.500*
DAUER: *2 Tage*
BANDS: *~33*

ÖSTERREICH

ACOUSTIC LAKESIDE

DORT, WO SICH FUCHS UND HASE GUTE NACHT SAGEN

AM SEE

BERGE

ACOUSTIC LAKESIDE

Acoustic Lakeside, das ist: gute Musik, gern stromverstärkt, mit Freunden am Seeufer, mit Bergpanorama, duftend blühenden Wiesen und niemals ist man nur Einer von Vielen, sondern immer ganz nah dran, „mitten drin und voll dabei"[6].

Mit „jugendlichem Leichtsinn", zwei Biertischen, einem Bierkühler, drei lokalen Bands und 60 Besuchern begann 2006 die Geschichte des Acoustic Lakeside: „Weil hier bei uns, speziell in Kärnten, echt nix los ist. Mussten wir's halt selber machen.", erinnert sich Raphael Pleschounig, einer der Veranstalter der ersten Stunde.

Drei Jahre später dann ein Partyzelt, WC-Anlagen, wachsende Besucherzahlen und zum Glück noch mehr und neue Leute, die Lust hatten zu helfen. Rund 160 Menschen sorgen mittlerweile dafür, dass das Festival seit nunmehr zehn Jahren stattfindet, organisiert sind die Ehrenamtlichen über einen Verein: „Die Motivation im Team ist enorm, das funktioniert hundert Prozent. Und jeder macht das, was er gerne macht." Aus Fehlern lernen die Festivalmacher: „Wir versuchen, jedes Jahr ein bisschen besser zu werden, die Qualität zu steigern, wir optimieren."

Dazu gehören auch Maßnahmen wie die Senkung der Ticketzahlen von 4000 auf 3500: „Es war einfach zu voll." Die klingenden Namen aus der Welt der Musik kommen schon lange und gerne zum exklusiven, kleinen Festival am Sonnegger See bei Sittersdorf. Dort genießen sie, was auch die treuen Festivalbesucher lieben: den familiären Charakter, die freundlichen, fürsorglichen Gastgeber, summende Wiesen inmitten eines Bergpanoramas, klare Luft, kühle Tannenwälder und sonnige Sommertage am Waldsee, der nur ein paar Schritte von der Hauptbühne entfernt liegt, mit Strandbad und lebensechten Schwimmenten. Und nicht zuletzt: die Musik, handverlesen, ein ausgesuchtes Programm, das auch abseits des Mainstreams zu überraschen und zu begeistern weiß. *Bush* waren schon hier, *Maximo Park* und *Virginia jetzt!*, im Jubiläumsjahr 2015 *Nada Surf, Bonnie Prince Billy, Art Brut* und *AnnenMayKantereit.*

Tatsächlich feiert und liebt das Publikum des Acoustic-Lakeside-Festivals aber gerade auch die kleinen Bands, ungehörte Newcomer, die leisen Singer-Songwriter Acts. Hauptsache: handgemachte Musik, Musik, die etwas zu erzählen hat, Musik zum Hinhören, elektronisch verstärkt, das geht in Ordnung. Musik, die sich notfalls auch ohne Strom Gehör verschaffen kann.

Als die New Yorker Band *Augustines* am frühen Abend nach einem regenreichen Gewitter die Hauptbühne betritt, unterbricht ein Stromausfall ihr energetisches Set. Nach kurzer Beratung klettern Billy McCarthy, Eric Sanderson und Rob Allen mit Akustikgitarren und Cajón-Kistentrommel von der Bühne und gehen ein paar Schritte ins Publikum. „Hinsetzen, hinsetzen!", rufen ein paar Leute und plötzlich sitzen geschätzt über 2000 Menschen zu Füßen der Band auf der Wiese und die Augustines beginnen zu spielen. Ein Rhythmus, ein paar Akkorde, die raue, kraftvolle Stimme von Billy McCarthy ertönt, laut und klar, die Band spielt „Weary Eyes" inmitten der jubelnden Fans. Im Hintergrund, still und dunkel, die Bühne. Ein Moment für die Ewigkeit, der große Moment dieses Sommers. Danke der Acoustic-Lakside-Familie, für die Musik, für eure Gastfreundschaft!

Duncan Lloyd....

DJ SHEPHERD

ADEN AUF EIGENE GEFAHR
BESITZER HAFTEN FÜR IHRE GERÄTE
GETRÄNKE ABSTELLEN VERBOTEN
WIR ÜBERNEHMEN KEINE VERANTWORTUNG
ACOUSTIC LAKESIDE
FREUND-SCHAFTSBAND 2015

Gummiboot
Meerjungfrau
FESTIVAL
BEGLEITER
ACOUSTIC LAKESIDE

DER BACKSTAGE-KÜCHENCHEF

Matthias Eberwein ist ein erfahrener Koch, der nach der Ausbildung an der Hotelfachschule in Villach in den unterschiedlichsten Restaurants und Hotels in Wien angestellt war. Das Fernweh trieb ihn aber immer auch schon hinaus in die Welt: zum Surfen und Fischen nach Australien, zum Anpacken auf einer Kaffeefarm mit Ananasplantage auf Hawaii. Heute arbeitet er in Teilzeit in der Gastronomie und hat sich mit dem Handel von Flusskrebsen aus Wildfang selbstständig gemacht. Einmal im Jahr aber nimmt er sich extra Urlaub und wird für ein paar Tage Chef eines ganz besonderen Restaurants: Matthias Eberwein ist der Backstage-Koch des Acoustik Lakeside und kocht hinter der Bühne, für die Künstler und Bands, für den Spaß und ehrenamtlich. Ein Küchenbesuch.

WIE BIST DU ZUM FESTIVALKOCH GEWORDEN?

Ich bin mit den Leuten aufgewachsen, die das Festival organisieren. Im zweiten Jahr haben sie mich gefragt, ob ich das Personalessen machen will, bisschen Gulasch, Kartoffeln dazu, das hat mich aber nicht sonderlich motiviert. Ich kann was Eigenes machen, hab ich gesagt. Sie darauf: Ja, Büffet! Und ich: Nö, à la carte! Hochwertige Produkte, alles fein, ich will einen Kellner haben. Und seitdem ziehen wir das durch. Im ersten Jahr hatten wir noch Biertische und Induktionsplatten. Mittlerweile ist alles perfekt, Edelstahloberflächen, Kühlschränke, richtig fetter Herd! Fester, ebener Boden, alles ist bombenfest verankert, perfekte Sicherheitsmaßnahmen. Die mobile Küche gehört uns und steht übers Jahr in einer Lagerhalle.

WAS KOCHST DU FÜR DEINE PROMINENTEN GÄSTE?

Die Bands geben oft vorab Bescheid, was da sein soll, Kaffee, Obst und so weiter. Das Essen wählen sie dann à la carte. Auf meiner Menükarte gibt es alles, was man nur haben will, vegetarische und vegane Gerichte, Salate, Fleisch, Fisch. Ich koche alles möglichst frisch. Gestern gab es zum Beispiel Tagliatelle mit Flusskrebsen, Petersilie, Jungzwiebeln und selbstgemachte Krebsbuttersauce. Viel Arbeit, aber ein toller Geschmack! Über 40 Kilo Krebse sind gestern raus. Auf der Karte stehen auch Wasabi-Risotto mit gebratenem Saibling oder argentinisches Beiried (Roastbeef), Neuseeland-Lamm mit Creme-Polenta und gegrillten Gemüsen, Eierschwammerl (Pfifferlinge) mit Nudeln, rotes Puten-Thaicurry, Schweinebraten mit Semmelknödeln und Sauerkraut oder Kasnudeln. Kasnudeln ist ein typisch kärntnerisches Gericht, ein Nudelteig mit Topfen-(Quark)-Füllung, mit Schnittlauch, etwas Minze, Kerbel. Ich mache aber auch Dessertvariationen mit flüssigem Schokokuchen, Grießknödel mit Himbeersauce, Kokosnuss-Eis, wenn es die Temperaturen erlauben, Vanillecreme mit Blätterteig.

WIE SIEHT DEIN ARBEITSTAG AUS?

Um acht bin ich aufgestanden. Wir hatten heute einen Stromausfall, jetzt am Vormittag lege ich los, mise en place machen, vorbereiten, wie in einem richtigen Restaurant. Die letzten Bands hören meistens um zwei Uhr morgens auf zu spielen. Dann wollen sie auch noch was essen und wir kochen nochmal. Neulich haben wir um 4 Uhr noch gekocht, die Gäste waren begeistert.

WAS SIND DIE HERAUSFORDERUNGEN DEINES EINSATZES HIER, NEBEN STROMAUSFÄLLEN?

Wenn du gut organisiert bist, ist eigentlich gar nichts schwierig. Und ich habe tolle Leute hier, wir sind zu dritt. Mit Franz-Josef bin ich schon zur Schule gegangen und Eva ist meine Freundin, auch gelernte Köchin. Manchmal helfen noch Leute beim Putzen und Vorbereiten, dann sind wir zu fünft oder sechst. Es sind alle sehr hilfsbereit hier.

HÖRST DU AUCH WAS VON DEN BANDS, LOB ODER KRITIK?

Ja, viele Bands kommen zu mir, alle immer sehr begeistert. Die sagen immer, so ein Essen gibt es nirgendwo. Normal ist Büffet, meist irgendwas Gebackenes, das machst Du auf und innen ist es schon komplett matschig, oder es steht ne Tüte von McDonalds auf dem Tisch. Bei mir gibt's à la carte. Das ist schon ein Unterschied.

Küchenteam

Stevan kocht Astronautenfood - an der Gitarre: Charlie Cunningham!

Augustines
ARTIST
ACOUSTIC LAKESIDE
Die Festivalköche
Stevan
THU

bling!

„GROUNDCONTROL TO MAJOR TOM"
ARBEITEN MIT DEM GASKOCHER

Die Arbeit mit und am Gaskocher erfordert Aufmerksamkeit und einen sicheren, sorgfältigen Umgang mit Brenner und Gaskartuschen. Ein paar Sicherheitsregeln sind einzuhalten, schon kann gekocht werden. Allerdings nicht überall – und das ist bereits die erste Regel: Erkundigt euch im Vorfeld, ob auf dem Campingplatz oder dem Festival die ***Benutzung von gasbetriebenen Brennern und Kochern genehmigt ist****. Gerade im Sommer ist das in trockenen Regionen mit erhöhter Waldbrandgefahr, wie auch auf einigen Festivals, verboten.*

KARTUSCHEN UND KOCHER

Die handelsüblichen Gaskartuschen zum Betrieb von Gaskochern und Lampen sind meist mit einer Mischung aus Butan und Propan gefüllt. Es gibt Einmal-Stechkartuschen und demontierbare Systeme wie Schraub-Ventil-Kartuschen und Bajonett-Ventil-Kartuschen. Abhängig vom gewählten Gerät ergibt sich das passende Kartuschen-System, schon aus Sicherheitsgründen ist den Empfehlungen der Hersteller beim Einkaufen und Nachrüsten zu folgen. Und auch mal die **Gebrauchsanweisung** lesen. Das macht hier wirklich Sinn.

SICHERHEIT

Gaskartuschen und Brenner sind sehr sichere, geprüfte Systeme. Dennoch gilt es, ein paar Sicherheitsregeln zu beachten:

— Gaskartuschen dürfen nicht zu heiß werden. Bei Temperaturen über 50 Grad entsteht Überdruck, der zum Platzen der Kartusche führen kann. Darum müssen die Kartuschen vor übermäßiger Hitze und Sonneneinstrahlung geschützt werden (Aufpassen z.B. vor Sonneneinstrahlung im parkenden Auto)!

— Wenn Kartuschen beschädigt werden, tritt gasförmiges und flüssiges Gas aus. Dabei kann es durch die Verdampfungskälte zu Verbrennungen kommen. Eine beschädigte Kartusche daher nur mit Handschuhen oder dicken Tüchern anfassen und an einer geschützten Stelle im Freien „auslaufen" lassen.

— Um ein Ausströmen von Gas während des Eindrehens zu vermeiden, darauf achten, die Kartusche nach Anleitung, gerade und zügig einzudrehen.

UND WIE LANGE KANN ICH MIT SO EINER KARTUSCHE KOCHEN?

Das ist abhängig von vielen Umständen, von der Außentemperatur über die Windstärke und die Brennstärke des Gaskochers bis zu Menge und Beschaffenheit der zu erhitzenden Speisen. Eine Standartkartusche brennt gut 1 Stunde vor sich hin. Einen halben Liter Wasser zu erhitzen (mit Deckel!) dauert ca. 3 Minuten. Eine Kartusche reicht also für ungefähr zwanzigmal Kaffeewasser aufkochen. Mit 2–3 Kartuschen sind selbst Vielkocher wie wir für 4–6 Personen für eine Woche mehr als gut versorgt. Zur Not lassen sich Kartuschen auch auf vielen Campingplätzen und Festivals nachkaufen.

KOCHPRAXIS

Zum **Aufstellen des Gaskochers** sucht euch einen sicheren Platz abseits des Getümmels. Der Boden sollte eben sein und unter freiem Himmel. Ich habe mir angewöhnt den Kocher, wenn möglich, zwischen ein paar schwerere Steine „einzuklemmen" und auf diese Weise zu justieren. Der Kocher muss gerade stehen.

Ebenfalls wichtig ist **Windschutz**, deshalb bei der Wahl des Platzes ein windstilles Eckchen, den Windschatten eines Baumes oder einer Mauer suchen. Keinesfalls sollte ein selbstgebastelter Windschutz aus beispielsweise Alufolie am Kocher angebracht werden. Alufolie brennt. Dann brennt der Gaskocher. Und dann bricht Panik aus. Das habe ich selbst erlebt. Summerjam 2010 – der ganze Kocher in Flammen. Wunderlicherweise kam just in diesem Moment der Festival-Feuerwehrlöschzug auf Routinefahrt bei uns vorbei. Ein Feuerwehrmann löschte den Brand, die Kollegen machten derweil lachend Handyfotos aus der Fahrerkabine.

Beim **Kochen mit Kochtopf** einen Deckel zu verwenden spart Energie und beschleunigt auch den Kochvorgang. Dickere Eintöpfe und schwerere Speisen müssen dabei öfter umgerührt werden, damit nichts ansetzt.

Beim **Kochen für viele Personen** helfen die oft sehr kleinen Töpfe für Gaskocher nicht mehr weiter, größere Töpfe drohen aber von kleinen Gaskochern zu rutschen. Hier hilft meine Erfindung, der **Pot Guard**, den man aus zwei alten Zeltstangen oder Stöcken und einem großen Topf mit Haltegriffen ganz einfach selbst basteln kann:

Die Stangen durch die Haltegriffe des Topfs führen und mit dem Zelthammer in den Boden schlagen. Den Topf an den Stangen nach oben führen und den Campingkocher drunter schieben. Fertig.

Schinken-Käse-Toast „Chipotle“

SCHINKEN-KÄSE-TOAST „CHIPOTLE“

Schinken-Käse-Toast, das geht auch ganz ohne Toaster oder Kontaktgrill: Der Camping-Toast mit Kochschinken und Bergkäse wird mit pikant-scharfer Chipotle-Butter bestrichen, in Ei gewendet und in der Pfanne auf dem Gaskocher knusprig gebraten.

ZUTATEN

für 5 Toasts

2 Tomaten

ca. 250 g Toastbrot (10 Scheiben)

Chipotle-Butter (S. 67)

5 Scheiben junger Bergkäse (ersatzweise Gouda, Cheddar oder Emmentaler)

5 halbe Scheiben Kochschinken

Salz

einige Gewürzgurkenscheiben aus dem Glas

4 Eier (M)

Öl zum Braten

ZEIT

Da jeweils nur 1 Toast in die Pfanne passt, dauert das, lohnt aber. Ist doch Urlaub!

ZUBEREITUNG

Tomaten in Scheiben schneiden. Toastscheiben dünn mit Chipotle-Butter bestreichen. 5 Toastscheiben passgenau mit Bergkäse belegen, dann je ½ Scheibe Kochschinken auflegen. Tomatenscheiben auflegen und leicht salzen. Gewürzgurkenscheiben auflegen. Die übrigen Toastscheiben aufsetzen, leicht andrücken.

Eier verquirlen und leicht salzen. Je 1 Toastsandwich im Ei wenden. Etwas Öl mit etwas Chipotle-Butter in der Pfanne erhitzen, den Toast darin von jeder Seite 2–3 Minuten goldbraun braten. Herausnehmen, längs halbieren und sofort servieren. Auf diese Weise nacheinander alle 5 Toastsandwiches zubereiten.

Eier sollten immer kühl gelagert und transportiert werden und, wenn möglich, vor Ort gekauft und schnell verbraucht werden.

Schmeckt auch mit anderen hausgemachten Grill- und Würz-Butter-Sorten (S. 67) sehr gut.

Käserösti

KÄSERÖSTI

Der Klassiker schmeckt auch unterwegs und aus der Campingkocherpfanne. Nach einem Schweizer Rezept wird der Kartoffelrieb aus den gekochten Kartoffeln zuvor über Nacht leicht angetrocknet. Dadurch lässt sich die Rösti-Masse sogar einfrieren und die Vorbereitung wird darüber hinaus mit einem noch intensiveren Kartoffelaroma belohnt.

ZUTATEN

für 2 Rösti

600 g große, überwiegend festkochende Kartoffeln

Salz

½ TL Kümmel

100 g junger Gruyère-Käse (wahlweise junger Bergkäse oder Raclettekäse)

Salz

Pfeffer

2–4 EL Öl

ZEIT

Zubereitungszeit: 25 Minuten (plus Kochzeit für die Kartoffeln und 1 Nacht Trocknung der Kartoffelraspeln)

ZUBEREITUNG

Kartoffeln mit Schale in Salzwasser mit Kümmel je nach Größe in ca. 20–25 Minuten bissfest, also nicht ganz weich, vorkochen. Abgießen und komplett erkalten lassen. Kartoffeln pellen, grob reiben. Auf einem Blech mit Backpapier verteilen und über Nacht an der Luft antrocknen lassen.

Käse grob reiben, locker mit den Kartoffelraspeln mischen. Wahlweise flach in Zipper-Beutel füllen und gefroren oder ungefroren mit auf die Reise nehmen. Oder direkt Rösti zubereiten. Dafür die Masse leicht mit Salz und Pfeffer würzen und halbieren. 1–2 EL Öl in der Pfanne auf dem Gaskocher erhitzen, den ersten Teil der Masse hineingeben und mit einem Pfannwender oder einem Löffel zu Rösti formen.

Bei mittlerer Hitze 4–6 Minuten goldbraun braten, dabei ab und zu leicht rütteln, damit nichts ansetzt. Rösti auf einen Teller stürzen und auf der ungebräunten Seite wieder in die Pfanne gleiten lassen. Weitere 4–6 Minuten knusprig braten.

Frisch zubereitet und gekühlt hält sich die Rösti-Masse unterwegs 1–2 Tage, eingefroren und im Kühlschicht-System (S. 19/20) gelagert 2–3 Tage.

Eine kurz vor dem Braten unter die Röstmasse gemischte fein gewürfelte Schalotte macht die Rösti noch saftiger und würziger. Mit Mixed Pickles und luftgetrocknetem Schinken serviert ein besonderer Genuss!

Dazu passt grüner Salat (S. 65), der Tomatensalat von S. 62 oder der Avocadosalat von S. 63.

EIER AUS DER PFANNE

RÜHREI MIT RÄUCHERFISCH

für 2–4 Personen

ZUBEREITUNG:

6–8 Eier mit einer Gabel verrühren, sodass Eigelb und Eiweiß noch sichtbar getrennt sind. Leicht *salzen*. *1 EL Öl oder Butter* in der Pfanne auf dem Gaskocher erhitzen, Eier zugeben und stocken lassen. Dabei nicht rühren, sondern die Eier zart zusammenschieben, so bleiben sie saftiger und werden nicht „krümelig". *150 g Pfeffer-Makrelenfilet* von der Haut lösen und in mundgerechte Stücke zupfen. Mit *150 g Räucherlachs* in Scheiben zum Rührei servieren.

Lässt sich mit Schnittlauchröllchen verfeinern.

KÄSE-OMELETTE MIT PETERSILIENSALAT

für 1–2 Personen

DAS OMELETTE:

3–4 Eier glatt rühren, leicht *salzen*. *1 EL Öl oder Butter* in der Pfanne auf dem Gaskocher erhitzen. Eimasse zugeben und bei milder Hitze zugedeckt 2–3 Minuten stocken lassen. Mit 2–3 Scheiben *Ziegengouda* (wahlweise Gouda, Cheddar, Mozzarella) belegen und mit einem Pfannenwender einmal falten. Weitere 2 Minuten zugedeckt garen, wenden und nochmals 1 Minute zugedeckt garen.

DER PETERSILIENSALAT:

1 Bund glatte Petersilie waschen, trocken schleudern und zupfen. Mit *1–2 EL Essig* und *5–6 EL gutem Olivenöl* marinieren, mit *Salz* und *Pfeffer* würzen und zum Ei servieren.

FRÜHSTÜCKSBURGER MIT KLAPPSPIEGELEI

für 2 Burger

ZUBEREITUNG:

1 Tomate waschen und in dicke Scheiben schneiden. *2 Toasties* halbieren, in der Pfanne auf dem Gaskocher ohne Fett leicht erwärmen und anrösten. Beiseitestellen. *1 EL Kräuterbutter* (S. 67 oder gekauft) in der Pfanne schmelzen, die Tomatenscheiben darin leicht anbraten, mit *Salz* und *Pfeffer* würzen und auf die Unterseite der Toasties legen. *1 EL Öl* in die Pfanne geben und *2 Eier* (M/L) hineinschlagen. In 3–4 Minuten zu Spiegeleiern braten. Salzen, pfeffern und die Spiegeleier mit einem Pfannenwender falten. Auf die Tomaten gleiten lassen, Toastie-Deckel aufsetzen und servieren.

Je 1 Scheibe Cheddarkäse auf die umgeklappten Spiegeleier legen und zugedeckt 1 Minute leicht schmelzen lassen.

Käse-Omelette mit Petersiliensalat

Rührei mit Räucherfisch

Frühstücksburger mit Klappspiegelei

Tomaten-Avocado-Quesadilla

TOMATEN-AVOCADO-QUESADILLA

Mein Tipp: Gleich ein bisschen mehr von allen Zutaten mitnehmen, denn wenn man erstmal angefangen hat, möchte man immer wieder und auch mal zwischendurch ein Stück heiße, knusprig-saftige Quesadilla auf die Hand. Denn der mexikanische Käsesnack ist auf dem Campingkocher oder dem Grill auch noch superschnell zubereitet.

ZEIT

Zubereitungszeit: 20 Minuten

ZUBEREITUNG

Tomaten in Scheiben schneiden und mit Salz und Zucker würzen. Avocado halbieren, Stein entfernen, Fruchtfleisch aus der Schale lösen und in Streifen schneiden. Mit Salz würzen, mit Zitronensaft beträufeln.

Die Hälfte der Tortilla-Fladen mit der Hälfte des Käses bestreuen. Tomaten und Avocado darauf verteilen, pfeffern. Mit dem übrigen Käse bestreuen, mit den übrigen Tortilla-Fladen deckeln, leicht andrücken.

Die Quesadillas nacheinander in einer dünn mit Olivenöl ausgestrichenen Pfanne auf dem Gaskocher bei milder Hitze von jeder Seite 4–6 Minuten „braten". Dabei ab und zu leicht rütteln, damit nichts ansetzt. Zum Wenden Quesadilla auf einen Teller stürzen und auf der ungebräunten Seite wieder in die Pfanne gleiten lassen. Vierteln und sofort servieren.

ZUTATEN

für 4–6 Quesadillas

1–2 Tomaten

Salz

1 Prise Zucker

1 Avocado

etwas Zitronensaft

8–12 Tortilla-Fladen (16 cm ø)

150–200 g geriebener Cheddar (wahlweise Bergkäse oder Gouda)

Pfeffer

Olivenöl

Alle Zutaten halten sich auch auf Reisen einige Tage frisch. Tomaten bitte nie kühlen, sie verlieren an Aroma. Auch die Avocado muss nicht zwingend gekühlt werden.

Wenn möglich, frische Zwiebelringe, frischen Koriander oder Röstzwiebeln und ein paar Jalapeño-Scheiben zwischen die Fladen schmuggeln.

Dazu passt grüner Salat (S. 65), der Tomatensalat von S. 62 oder der Avocadosalat von S. 63.

LAMM-CURRY „MANJULA“

ZUTATEN

für 4–6 Personen

1 kg Lammschulter
2 Stiele Staudensellerie
2 Möhren
1 kleine Aubergine
1 grüne Paprika
150 g Zwiebeln
2 Knoblauchzehen
2 EL Butterschmalz
4 EL mildes Currypulver
1 TL Kurkuma
200 g Kirschtomaten
1 grüne Pfefferschote
20 g Ingwer
400 ml ungesüßte Kokosmilch
½–1 Limette
1 Prise Zucker
Salz
Chiliflocken (optional)

Pikant scharf und würzig simmert das Lammfleisch mit viel Gemüse im Topf, cremig verfeinert mit Kokosmilch. Ein wunderbar warmer Duft von Curry zieht über den Campingplatz – und man hat am besten ein bisschen mehr gekocht, denn gleich kommen die Nachbarn vorbei!

ZEIT

Zubereitungszeit: 90 Minuten

ZUBEREITUNG

Lammschulterfleisch vom Knochen schneiden, traniges Fett und Sehnen entfernen, das Fleisch mundgerecht würfeln. Staudensellerie schräg in Scheiben schneiden. Möhren schälen und in Scheiben schneiden. Aubergine längs halbieren und würfeln. Paprika entkernen und in Streifen schneiden. Zwiebeln und Knoblauch pellen, Zwiebeln in Spalten schneiden, Knoblauch in Scheiben.

Lammfleisch und Auberginenwürfel in einem beschichteten Topf in sehr heißem Butterschmalz braun anbraten. Zwiebeln, Knoblauch, Sellerie und Paprikastreifen zugeben und 2 Minuten mitbraten. Mit Curry und Kurkuma bestäuben, unterrühren und mit 700 ml heißem Wasser ablöschen. Offen 30 Minuten leise köcheln.

Von den Kirschtomaten die Strunkansätze herausschneiden. Pfefferschote in Scheiben schneiden. Ingwer schälen und fein reiben. Alles mit der Kokosmilch zum Eintopf geben und weitere 15 Minuten offen garen. Mit etwas Limettensaft, Zucker, Salz und optional Chiliflocken abschmecken.

Der Eintopf lässt sich gut vorbereiten. In gefrorenem Zustand kann er ein wichtiger Baustein im Schichtkühlsystem sein (S. 19/20). Gut gekühlt hält er 2–3 Tage.

Kurz vor dem Servieren grob gehackten frischen Koriander über den Eintopf geben, ist ein Aroma-Knaller! Dazu passt Minutenreis, Couscous oder Fladenbrot.

Lamm-Curry „Manjula“

SALSICCIA-BOHNEN-EINTOPF

ZUTATEN

für 4–6 Personen

6 getrocknete Softtomaten

1 Dose weiße Bohnen (850 g EW)

300 g Zwiebeln

2 Knoblauchzehen

8 Salsiccia-Würste à ca. 110 g

4 EL Olivenöl

1 EL Tomatenmark

1 EL Zucker

2–3 Zweige Rosmarin

1 Lorbeerblatt

2 Dosen stückiges Tomatenragout à ca. 420 g EW

Salz

Pfeffer

Der italienische Bohneneintopf mit cremigen Bohnen, würzigem Tomatensugo und Salsiccia-Würsten mit Fenchel und Knoblauch wärmt und stärkt ganz besonders, wenn das Wetter mal nicht so gut sein sollte.

ZEIT

Zubereitungszeit: 1 Stunde

ZUBEREITUNG

Softtomaten fein würfeln. Bohnen in einem Sieb abgießen und abtropfen lassen. Zwiebeln und Knoblauch pellen, Zwiebeln in Spalten schneiden, Knoblauch in Scheiben.

Würste rundherum mit einer Gabel einstechen und in einem beschichteten Topf im Öl rundherum anbraten. Herausnehmen. Zwiebeln und Knoblauch in den Topf geben und hellbraun braten. Tomatenmark, Zucker, Softtomaten, Rosmarin und Lorbeer zugeben und unterrühren.

Tomatenragout unterrühren. Beide Dosen bis zum Rand mit heißem Wasser füllen, das Wasser zugießen. Aufkochen und die Bohnen unterrühren. Mit Salz und Pfeffer würzen. 35 Minuten bei milder Hitze leise offen kochen. Würste zugeben und weitere 10 Minuten offen kochen.

Der Eintopf lässt sich gut vorbereiten. In gefrorenem Zustand kann er ein wichtiger Baustein im Schichtkühlsystem sein (S. 19/20). Gut gekühlt hält er 2–3 Tage.

Perfekt zu Fladenbrot oder Baguette. Wer mag, kocht Nudeln dazu oder Minuten-Reis.

Statt der Wurst lassen sich für eine vegane Variante Mini-Paprika oder Pimientos de Padrón, Seitan-Streifen oder Räuchertofu mitkochen.

Salsiccia-Bohnen-Eintopf

Paprika-Gulasch

PAPRIKA-GULASCH

Das Paprikagulasch schmeckt besonders würzig-fruchtig durch süß-scharfe Piquanté-Paprika, Grillpaprika und feurige Chorizo-Wurst.*

ZUTATEN

für 4–6 Personen

150 g Piquanté-Paprika aus dem Glas

1 Glas gegrillte Paprika (340 g EW)

400 g Schweinenacken am Stück

4 Chorizo-Würste (spanische Paprikawurst)

200 g Zwiebeln

1–2 Knoblauchzehen

2–3 Zweige Thymian

4 EL Olivenöl

2 EL Paprikamark

1 TL Tomatenmark

1 TL Zucker

1 EL Paprikapulver, edelsüß

1 TL Paprikapulver, rosenscharf

Salz

1 Spritzer Rotweinessig (wahlweise Weißwein- oder Obstessig)

ZEIT

Zubereitungszeit: 50 Minuten

ZUBEREITUNG

Piquanté-Paprika vierteln. Grillpaprika abtropfen und mundgerecht stückeln. Nackenfleisch würfeln, Chorizo in dicke Scheiben schneiden. Zwiebeln und Knoblauch pellen, Zwiebeln in Spalten schneiden, Knoblauch in Scheiben. Thymianblättchen vom Stiel zupfen.

Nackenfleisch mit den Chorizoscheiben in einem beschichteten Topf im heißen Öl rundherum anbraten. Zwiebeln und Knoblauch zugeben und hellbraun braten. Paprikamark und Tomatenmark, Zucker und beide Sorten Paprikapulver zugeben, unterrühren und 2 Minuten schmoren. Grillpaprika und Piquanté-Paprika zugeben und unterrühren. Mit 800 ml Wasser auffüllen und offen 30 Minuten garen. Mit Salz und Rotweinessig würzen.

*

Piquanté-Paprika, auch Pepperfrüchte genannt, sind eingelegte, süß-pikante Paprikafrüchte, zwischen Peperoni und Paprika, die wunderbar fruchtig schmecken und unter den unterschiedlichsten Namen in den Handeln kommen, z.B. Piquanté-Früchte, Peppadews oder Sweet African Chili Pepper (ihre Heimat ist Südafrika). Sie sind im gut sortierten Supermarkt erhältlich.

Der Eintopf lässt sich gut vorbereiten. In gefrorenem Zustand kann er ein wichtiger Baustein im Schichtkühlsystem sein (S. 19/20). Gut gekühlt hält er 2–3 Tage.

Perfekt zu Fladenbrot oder Baguette. Wer mag, kocht Nudeln dazu oder Minuten-Reis.

CHICKEN TIKKA MASALA

ZUTATEN
für 4 Personen

4 Hähnchenbrustfilets ohne Haut und Knochen
200 g Sahnejoghurt
2 TL Garam Marsala (ersatzweise Currypulver)*
200 g Zwiebeln
2 Knoblauchzehen
20 g Ingwer
2 EL Butterschmalz
1 Anisstern (optional)
1 Prise Zimt
1 TL Kurkuma
1 EL Paprikapulver, edelsüß
2 EL Honig
1–2 Msp. Sambal Oelek (optional)
500 ml stückiges Tomatenragout
250 ml Hühnerbrühe
½ TL Speisestärke
Salz

Zartes Hähnchenfleisch in würziger Tomatensauce wird mit cremigem Joghurt verfeinert. Chicken Tikka Masala kommt ursprünglich aus der indischen Küche, gilt aber längst auch als britisches Nationalessen und wird in sogenannten Curry Houses, einer Mischung aus Restaurant und Imbissbude, auch TO GO *angeboten – so gut riecht es also in englischen Band-Proberäumen. Manchmal.*

ZEIT

Zubereitungszeit: 35 Minuten

ZUBEREITUNG

Hähnchenfleisch mundgerecht würfeln und mit 1 EL Joghurt und 1 TL Garam Marsala verkneten. Zwiebeln und Knoblauch pellen, Zwiebeln in Streifen schneiden, Knoblauch würfeln. Ingwer schälen und fein reiben. 2 EL Butterschmalz in einem beschichteten Topf erhitzen, Fleisch und Zwiebeln darin hellbraun anbraten. Anisstern, Zimt, Kurkuma und Paprikapulver unterrühren.

Honig und Sambal Oelek unterrühren und mit Tomatenragout und Brühe auffüllen. Offen 15 Minuten bei milder Hitze einköcheln lassen. Übrigen Joghurt mit Speisestärke glatt rühren, unter Rühren zum Gericht geben und leicht binden. Mit Salz würzen.

*
Garam Marsala ist eine indische, curryähnliche Gewürzmischung, in der Kardamom, Chili und Kreuzkümmel eine Hauptrolle spielen, aber auch Nelken, Zimt und Koriander.

Der Eintopf lässt sich gut vorbereiten, sollte aber nicht eingefroren werden. Gut gekühlt hält er 1–2 Tage.

Besonders gut, wenn noch süße, reife Mango-Stückchen mitgekocht werden. Perfekt zu Fladenbrot, Brot oder Minuten-Reis.

Chicken Tikka Masala

Chili con Carne especial

CHILI CON CARNE ESPECIAL

Schnödes Hackfleisch ist für Gringos. Für das Spezial-Chili wird feinstes Rindfleisch von Hand geschnitten – das gibt Biss! – und mit Paprika, Bohnen und Mais, feurigen Pfefferschoten und einem kleinen Stück Bitterschokolade geschmort, der Original-Azteken-Geheimzutat für ein bislang ungekannt gutes Chili!

ZEIT

Zubereitungszeit: 90 Minuten

ZUBEREITUNG

Weiße Bohnen und Mais abtropfen lassen. Paprika entkernen und in Streifen schneiden. Softtomaten klein schneiden. Rindfleisch sehr fein würfeln, ⅓ davon nochmals kleiner schneiden bzw. hacken. Zwiebeln und Knoblauch pellen, Zwiebeln in Spalten schneiden, Knoblauch in Scheiben. Chilischote in Ringe schneiden (für mildere Schärfe die Kerne entfernen).

Fleisch in einem beschichteten Topf in sehr heißem Öl braun anbraten. Wenn das Fleisch dabei zu kochen beginnt, die Flüssigkeit einfach verdampfen lassen, dann weiter braten. Zwiebeln, Knoblauch, Chili und Paprikastreifen zugeben und 5 Minuten mitbraten. Tomatenmark, Paprikapulver, Oregano, zerriebenen Kreuzkümmel und Zucker unterrühren und 1 Minute mitschmoren.

Weiße Bohnen, Mais, Tomatenragout und Baked Beans unterrühren und mit 1 l heißem Wasser auffüllen. Aufkochen und offen in 45–50 Minuten leise dicklich einkochen lassen, dabei ab und zu rühren. Zum Schluss die Schokolade unter Rühren auflösen und mit Salz würzen.

ZUTATEN

für 4–6 Personen

1 Dose weiße Bohnen (425 g EW)

1 kleine Dose Mais (212 g EW)

3 bunte Paprikaschoten

30 g getrocknete Softtomaten

500 g Rindfleisch (wahlweise Hochrippe, Schulter, Beinfleisch)

250 g Zwiebeln

2 Knoblauchzehen

½–1 rote Chilischote

4 EL Olivenöl

2 EL Tomatenmark

2 EL Paprikapulver, edelsüß

1 TL getrockneter Oregano

½ TL Kreuzkümmel

1 EL brauner Zucker

425 g stückiges Tomatenragout

1 Dose Baked Beans (425 g EW)

20–30 g Bitterschokolade (70 %)

Salz

Der Eintopf lässt sich gut vorbereiten. In gefrorenem Zustand kann er ein wichtiger Baustein im Schichtkühlsystem sein (S. 19/20). Gut gekühlt hält er 2–3 Tage.

Dazu passt frisches Baguette oder Brot. Sehr lecker ist auch ein Klecks saure Sahne oder Crème fraîche.

Für veganes CHILI SIN CARNE das Fleisch durch 500 g grob zerhackte gemischte Pilze (z. B. Shiitake, Champignons, Kräutersaitlinge) ersetzen oder wahlweise zerbröselten Seitan oder festeren Tofu verwenden.

Kartoffel-Möhren-Eintopf „Bäm!“

KARTOFFEL-MÖHREN-EINTOPF „BÄM!"

Ein deutscher Klassiker, der gerade auch dann stärkt und schmeckt, wenn man auf dem Sleepless Floor mal wieder die Zeit vergessen hat. Japanischer Wasabi gibt hier ein überraschendes Gastspiel und sorgt für den extra scharfen „Bäm!"-Effekt.

ZEIT

Zubereitungszeit: 40 Minuten

ZUBEREITUNG

Zwiebeln pellen und fein würfeln. Speck fein würfeln. Kartoffeln schälen und würfeln. Butterschmalz in einem Topf erhitzen, Speck und Zwiebeln darin glasig dünsten. Kartoffelwürfel unterrühren. Mit Majoran bestreuen, Lorbeerblatt zugeben und mit Brühe auffüllen. 20 Minuten offen kochen.

Möhren schälen und in Scheiben schneiden, zum Eintopf geben und gemeinsam weitere 10 Minuten garen. Petersilie fein schneiden und unter den Eintopf rühren. Mit Salz würzen und mit Wasabi-Paste nach Geschmack schärfen. Die Würstchen erst vor dem Servieren entweder im Eintopf erhitzen oder separat in heißem Wasser.

ZUTATEN

für 4–6 Personen

200 g Zwiebeln

100 g durchwachsener Speck

500 g fest kochende Kartoffeln

500 g mehlig kochende Kartoffeln

1 EL Butterschmalz

1 TL getrockneter Majoran

1 Lorbeerblatt

1,5 l kräftige Brühe (Fleisch oder Gemüse)

500 g Möhren

1 Bund krause Petersilie

Salz

½–1 TL Wasabi-Paste (wahlweise 1–2 TL Meerrettich aus dem Glas)

ca. 300 g Cocktailwürstchen

Der Eintopf lässt sich gut vorbereiten. Er sollte ohne die Würstchen auf Reisen gehen, die separat mitgenommen und erst vor Ort erhitzt werden. In gefrorenem Zustand kann der Eintopf ein wichtiger Baustein im Schichtkühlsystem sein (S. 19/20). Gut gekühlt hält er 2–3 Tage.

Für die vegane Variante Gemüsebrühe (S. 157 oder gekauft) sowie Öl statt Butterschmalz verwenden und Speck und Würstchen einfach weglassen, der Kartoffel-Möhren-Topf macht auch fleischlos glücklich.

BALKAN-BÄLLCHEN

ZUTATEN
für 4 Personen

2 rote Paprikaschoten
150 g Zwiebeln
1 Knoblauchzehe
500 g grobe Bratwurst
4 EL Olivenöl
½–1 rote Chilischote
200 g Letscho* aus dem Glas
1 Dose stückiges Tomatenragout (425 g EW)
1–2 TL Zucker
Salz

Balkan-Beats machen hungrig und irgendwann helfen dann nur noch Balkan-Bällchen: würzige Hackbällchen in feuerscharfer Sauce. Schon geht die Party weiter: „Disko, Disko Partizani!“[8]

ZEIT

Zubereitungszeit: 35 Minuten

ZUBEREITUNG

Paprika vierteln, entkernen, grob würfeln. Zwiebeln und Knoblauch pellen und würfeln. Bratwurstbrät in kleinen Portionen aus der Pelle drücken und rund drehen. Die Bällchen in einer möglichst hohen beschichteten Pfanne oder einem beschichteten Topf in heißem Öl hellbraun anbraten.

Zwiebeln und Paprika zugeben und weiterbraten, bis die Gemüse beginnen, Farbe anzunehmen. Chili halbieren (für eine mildere Schärfe die Kerne entfernen) und zum Letscho geben. Letscho mit einem Schneidstab pürieren und in die Pfanne zu den Bällchen geben. Mit Tomatenragout auffüllen, Zucker zugeben. Dose mit heißem Wasser füllen und das Wasser zugießen. Umrühren. Mit Salz würzen und offen 20 Minuten dicklich einkochen.

*
Letscho sind in Tomatensauce würzig geschmorte Paprika, die ungarische Spezialität wird im Glas auch in deutschen Supermärkten verkauft.

Balkan-Bällchen lassen sich gut vorbereiten. In gefrorenem Zustand können sie ein wichtiger Baustein im Schichtkühlsystem sein (S. 19/20). Gut gekühlt halten sie 1–2 Tage.

Dazu passen griechische Reisnudeln (Kritharáki), wahlweise Reis oder Brot.

Balkan-Bällchen

„DER ASTRONAUT MUSS WEITER“♪ – „ASTRONAUTENNAHRUNG“ – JUST ADD WATER!

Manchmal führt uns Camper der Weg in Gegenden, die dem Weltall ähneln: unendliche Weiten, menschenleer und nicht mal ein Snackriegelautomat in Sicht. Für diese Momente hat die Nahrungsmittelindustrie in enger Zusammenarbeit mit den örtlichen Raumfahrtbehörden die Astronautennahrung erdacht: freudlose, in Folie gepresste Matschepampe mit Haltbarkeitsdatum im nächsten Jahrtausend und dem Hersteller-Versprechen, dass darin alle überlebenswichtigen Vitamine und Mineralstoffe enthalten seien. Das ist eine tolle Sache. Für Astronauten. Für Extrembergsteiger und Polarforscher. Die meisten von uns würden aber gerne einfach nur Urlaub machen.

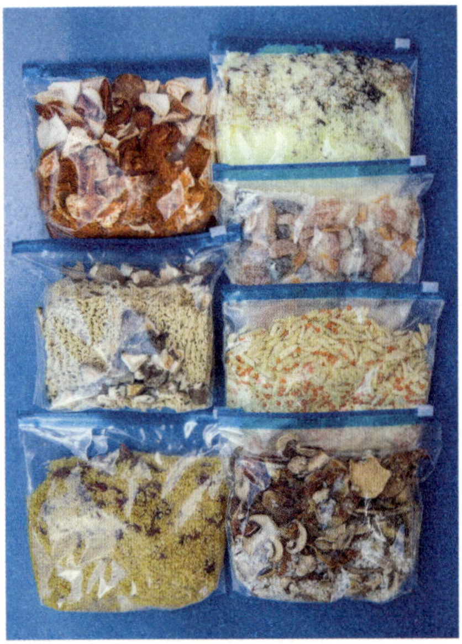

Die Astronautenfood-Rezepte im folgenden Kapitel haben alles, was man von Astronautennahrung erwarten kann: Die Gerichte sind platzsparende Leichtgewichte, die auch in den Rucksack passen. Sie sind schnell zubereitet und sättigen erstaunlich gut. Neu ist: Die Trocken-Basis habt ihr selbst zusammengestellt, ihr wisst, was drin ist: nur natürliche Zutaten, unbehandelt und ohne Geschmacksverstärker. Die Speisen schmecken zudem richtig gut, ein paar Möglichkeiten zur Verfeinerung mit weiteren, frischen Zutaten habe ich zusätzlich notiert.

Mmmh!
Astronautenfood

JUST ADD WATER – ABER WIE VIEL?

Eigentlich braucht ihr nur frisches Wasser und etwas Salz, um die Gerichte zu kochen. Wie viel Wasser jedes Gericht benötigt, steht in den Rezepten. Weil man aber gerade unterwegs nicht unbedingt einen Messbecher dabei hat, behelfe ich mir gern mit einer leeren 0,5-Liter-Wasserflasche, die ich, zusammen mit etwas Augenmaß, als Messbecher nutze. Allzu genau muss es sowieso nicht sein bei diesen Rezepten, es gilt: lieber etwas zu wenig Flüssigkeit am Anfang und dann während des Kochens noch Wasser nachgießen, bis das Gericht gar und die gewünschte Konsistenz erreicht ist.

BRÜHPULVER & GEKÖRNTE BRÜHE – KAUFEN ODER SELBER MACHEN?

Bei den Rezepten sorgt, neben ausgewählten Trockenzutaten wie Gewürzen, Kräutern, Pilzen und Tomaten u.a. auch Brühpulver für einen runden, vollen Geschmack. Die Zutatenliste herkömmlicher Gemüsebrühen liest sich ungefähr so: Jodsalz, Geschmacksverstärker (Mononatriumglutamat, Dinatriumguanylat, Dinatriuminosinat), Aroma (mit Weizen, Sellerie), pflanzliches Fett, Maltodextrin, karamellisierter Zucker, Säuerungsmittel Citronensäure.

Aha. Zu empfehlen ist wahlweise klare Gemüsebrühe in Bio-Qualität – die gibt's im Bioladen oder Reformhaus, auf der Zutatenliste findet sich Gemüse aus ökologischem Anbau – oder selber machen. Wer Gemüsebrühe selbst herstellen will, ist auf der sicheren Seite und weiß später genau, was drin ist: reine Natur!

Gemüsebrühe selbstgemacht!

(für 4 Gläser à ca. 125 g)

1 Sellerieknolle schälen und grob stückeln. 4 dicke Möhren, 2 Pastinaken oder Petersilienwurzeln mit dem Sparschäler schälen. Die Gemüse in der Küchenmaschine oder per Hand sehr fein raspeln oder reiben. 1 Stange Lauch halbieren, gründlich waschen, trocknen und in feinste Streifen schneiden. 1 Zwiebel und 2 Knoblauchzehen pellen und sehr fein würfeln. 1 Bund krause Petersilie waschen, trocken schleudern und fein hacken.

Ofen auf 80 Grad Umluft vorheizen. Die vorbereiteten Zutaten miteinander mischen und locker auf 4 Backblechen mit Backpapier verteilen. Im heißen Ofen 2 Stunden dörren, dabei das Gemüse alle 30 Minuten lockern und wenden.

Das Gemüse sollte anschließend 2 Tage auf den Blechen an einem trockenen, warmen Ort komplett durchtrocknen. Dann mit etwas Salz und wahlweise zusätzlich 1 TL getrocknetem Bohnenkraut und 1 Msp. Muskatnuss würzen und im Mixer zu feinem Brühpulver zerkleinern. In trockene Schraubgläser füllen.

RISOTTO ITALIANO

für 4 Personen

VORBEREITUNG: *250 g Risottoreis* mit *50 g klein geschnittenen, getrockneten Wald- oder Steinpilzen* und *40 g klein gehackten, getrockneten Softtomaten* mischen. *1 TL Zwiebelgranulat*, *1 TL getrocknetes Bohnenkraut*, *1 Lorbeerblatt* und *1 TL Bio-Gemüsebrühe* (S. 157 oder gekauft) untermengen und in einen Zipper-Beutel, eine verschließbare Dose oder ein Schraubglas füllen.

ZUBEREITUNG: 800 ml Wasser im Kochtopf auf dem Gaskocher aufkochen, Risotto-Mischung einrühren und unter Rühren bei reduzierter Hitze 20–25 Minuten garen. Mit *Salz* und *Pfeffer* würzen.

Lässt sich mit frischen Basilikumblättern, einem dicken Stück Butter und einer Handvoll frisch geriebenem Parmesan noch deutlich in Richtung Hochküche verfeinern.

KARTOFFELPÜ „MINUTEN-TERRINE"

für 4 Personen

VORBEREITUNG: *2 x 2 Portionen Kartoffelpüreeflocken (2 x 83 g)* mit *1 EL Röstzwiebeln* und *1 TL Bohnenkraut* mischen und in einen Zipper-Beutel, eine verschließbare Dose oder ein Schraubglas füllen.

ZUBEREITUNG: 900 ml Wasser (wahlweise Wasser-Milch-Mischung nach Packungsangabe) mit *Salz* in einem Kochtopf auf dem Gaskocher aufkochen. Püreeflocken einrühren und zu einem cremigen Brei rühren. Topf vom Feuer nehmen, Deckel aufsetzen und noch 5 Minuten ziehen lassen.

Mit einem guten Stück Butter, einer winzigen Prise Muskat und einer Handvoll frisch geschnittenem Schnittlauch schmeckt es noch besser.

DJUVEC-REIS

für 4–6 Personen

VORBEREITUNG: *250 g Minuten- oder Express-Langkornreis* mit *2 TL Zwiebelgranulat*, *1 TL Bio-Gemüsebrühe* (S. 157 oder gekauft), *2 EL Paprikapulver edelsüß*, *1–2 TL Paprikapulver rosenscharf* und *je 1 TL Thymian* und *Oregano* mischen. *40 g getrocknete Steinpilze* und *80 g getrocknete Softtomaten* mit einer Schere klein schneiden und untermengen. In einen Zipper-Beutel, eine verschließbare Dose oder ein Schraubglas füllen.

ZUBEREITUNG: 1,25 l Wasser in einem großen Kochtopf auf dem Gaskocher aufkochen. Den Reis einrühren und zugedeckt bei reduzierter Hitze 10 Minuten garen. Weitere 10 Minuten bei geschlossenem Deckel ohne Flamme ziehen lassen. Mit *Salz* und *Pfeffer* würzen.

Lässt sich mit einem Stück Butter und etwas frisch geriebenem Parmesan verfeinern. Schmeckt mit zerbröseltem Fetakäse und klein gehackten Oliven noch würziger.

LINSENEINTOPF „INDIA"

für 4 Personen

VORBEREITUNG: *200 g rote Linsen* und *50 g Couscous* mit je *1 TL Zwiebelgranulat*, *Bio-Gemüsebrühe* (S. 157 oder gekauft), *Kurkuma* und *Garam-Masala-Gewürz* oder *mildem Currypulver* mischen. Optional *50 g Kokosnusspulver und 50 g Mandelstifte* zugeben. *50 g getrocknete Ananas-* oder *Mangostückchen* klein schneiden und zugeben. In einen Zipper-Beutel, eine verschließbare Dose oder ein Schraubglas füllen.

ZUBEREITUNG: 800 ml Wasser in einem großen Kochtopf auf dem Gaskocher aufkochen. Die Linsen-Mischung einrühren. Zugedeckt bei reduzierter Hitze 15 Minuten garen. Mit *Salz* und *Chiliflocken* würzen.

Mit 100 ml Kokosnussmilch lässt sich die Suppe cremig verfeinern, etwas Zitronensaft sorgt für Frische, mit Knoblauch wird es noch würziger und 1–2 TL frisch geriebener Ingwer bringen zusätzlich Schärfe und Fruchtigkeit.

GRIESSBREI FÜR EILIGE SÜSSMÄULER

für 4 Personen

VORBEREITUNG: *300 g Backobst* fein würfeln. *1 Vanilleschote* längs halbieren, das Mark herausschaben. Alles mit *4–5 EL Zucker*, *100 g Weichweizengrieß*, *1 Msp. Ingwerpulver* und *50 g Kokosflocken* mischen und in einen Zipper-Beutel, eine verschließbare Dose oder ein Schraubglas füllen.

ZUBEREITUNG: *1 l Milch* in einem großen Kochtopf auf dem Gaskocher aufkochen. Die Grießbreimischung einrühren und 3–4 Minuten lang bei milder Hitze zu einem cremigen Brei rühren. Topf von der Flamme nehmen, Deckel aufsetzen und noch 5 Minuten ziehen lassen.

Einen Teil der Milch (150–200 ml) kann man durch Kokosmilch oder Sahne ersetzen, schmeckt himmlisch. Zimtzucker extra ist auch eine feine Sache.

ASIANUDELTOPF

für 2–4 Personen

VORBEREITUNG: *250 g Mie-Nudeln* als ganze Platten mit *1 EL geröstetem Sesam*, *1 EL Algenflocken* (Bioladen) und je *1 TL Fünf-Gewürzpulver* und *Bio-Gemüsebrühe* (S. 157 oder gekauft) in einen Zipper-Beutel oder eine verschließbare Dose füllen. *1 EL Mu-Err-Pilze* und *6 getrocknete Shiitakepilze* mit einer Schere klein schneiden und zugeben.

ZUBEREITUNG: 800 ml Wasser in einem großen Kochtopf auf dem Gaskocher aufkochen. Den Asiatopf einrühren, aufkochen und zugedeckt bei reduzierter Hitze 4–5 Minuten garen. Mit *Salz* würzen.

Etwas Chiliflocken oder frisch geriebener Ingwer bringen zusätzliche Würze. Mit 1–2 EL Sojasauce oder einer Msp. Miso-Paste lässt sich die Suppe noch verfeinern.

SAFRAN-TOMATEN-BULGUR

für 4 Personen

VORBEREITUNG: *250 g Bulgur* und *40 g getrocknete Cranberrys* mit je *1 TL Zwiebelgranulat* und *Bio-Gemüsebrühe* (S. 157 oder gekauft) sowie *1 Döschen gemahlenem Safran (0,1 g)* und *1 Lorbeerblatt* mischen. *80 g getrocknete Softtomaten* mit einer Schere klein schneiden und untermengen. In einen Zipper-Beutel, eine verschließbare Dose oder ein Schraubglas füllen.

ZUBEREITUNG: 1 l Wasser in einem großen Kochtopf auf dem Gaskocher aufkochen. Bulgur-Mischung einrühren und zugedeckt bei reduzierter Hitze 10 Minuten garen. Weitere 5 Minuten bei geschlossenem Deckel ziehen lassen. Mit *Salz* und *Chiliflocken* würzen.

Etwas Currypulver oder auch etwas frisch gehackter Knoblauch bringt zusätzliche Würze. Schmeckt toll mit Fetakäse-Bröseln und kühlem, leicht gesalzenem Joghurt dazu.

WUNDERTÜTE UND KARUSSELL ...

SZIGET-FESTIVAL · BUDAPEST, UNGARN ·

SZIGET

Rock, Pop, Indie, Hip-Hop, Rap, Dance, Electro, Singer-Songwriter, Worldmusic, Reggae, Latin, Balkan Beats, Swing, Dub, Jazz, Funk, Metal, Disco

LAGE: *Budapest, Ungarn*
TEILNEHMER: *~90.000*
DAUER: *7 Tage*
BANDS: *über 1.000*

UNGARN

SZIGET FESTIVAL

KONZERTE, KUNST, INSPIRIERENDE IDEEN UND KULINARISCHE KÖSTLICHKEITEN

1000 WELTEN

ART

ISLAND OF FREEDOM

SZIGET

Sziget ist eine bunte Wundertüte, ein musikalisches Karussell, Tage angefüllt mit Konzerten, Kunst, inspirierenden Ideen und kulinarischen Köstlichkeiten. Sziget ist ein Erlebnis, eine Entdeckungsreise, Urlaub vom Alltag.

Die ersten paar Tage laufen wir einfach nur staunend über das Gelände. Sziget, das ist mehr als ein Festival, das sind tausend Welten und Ideen, und hinter jeder Ecke wartet eine neue Attraktion. Über 60 Stages und Spielstätten finden sich auf der grünen Donauinsel und natürlich gibt es einen Zirkus, ein Kino, eine Open-Air-Schaumdisko und Beachvolleyball. Da schmettert eine Diva Arien auf der Opernbühne, gleich in der Nähe des ungarischen Wein-Dorfes, wo echtes Gulasch gelöffelt und Wein von jungen Winzern gereicht wird. Ein Salsa-Tanzkurs wird in der Mittagssonne abgehalten, die ersten Bands stehen schon auf der Bühne, ein Trachtenumzug quert den Weg. Überall stellen Künstler ihre Arbeiten aus, Skulpturen, Installationen, Bilder und wer selbst Künstler sein will, kann das augenblicklich werden.

Für den frühen Abend ist eine Modenschau junger ungarischer Designer angekündigt. Umweltorganisationen, politische Bewegungen und humanitäre Projekte laden zu Information und Diskussion. Zum Chillen geht es an den Sziget Beach, das nördliche Ende der Óbuda-Insel, ein Paradies unter einem Dach aus lichtdurchfluteten Bäumen, ein Sandstrand mit großen Schwemmholzbäumen am Ufer. Relaxen unter bunten Tuchtrapezen, da hinten läuft ein Yogakurs, der DJ spielt entspannte Beats und es gibt richtig guten Kaffee.

Das alles ist ganz im Sinne der Erfinder: Musiker Péter Müller und Manager Károly Gerendai sahen in den frühen 90er Jahren die Notwendigkeit eines großen Festivals, das es jungen Besuchern ermöglichen sollte, etwas zu erleben, Konzerte zu sehen und nebenbei Sommerferien zu machen. Nach dem Wechsel des politischen Systems 1989 wurden die sozialistischen Sommer-Jugend-Camps abgeschafft, die Freunde dachten über Alternativen nach und feierten 1993 das erste Festival. Kreativität statt Kommerz war das Motto, künstlerisch, liberal, weltoffen. Die ganze Welt feiert heute auf der „Island of Freedom", die Homepage des Festivals kann in 18 Sprachen abgerufen werden, Bands aus über 60 Nationen spielen vor insgesamt über 400.000 Menschen, die an sieben Tagen das Festival auch mit Tagestickets besuchen können.

Abends kann es bei Konzerten der großen Acts mal voller werden, es bleibt aber luftig, gutgelaunt und entspannt. Unzählige Imbisse und Foodtrucks bieten reiche Auswahl, denn Feuer und Gas sind verboten auf der Donauinsel. Doch das Essen ist erschwinglich und gerade die regionalen Spezialitäten wie *Csurgatós kenyér* (S. 209) eine Entdeckung wert. Die Tage sind lang und erfüllt, nachts schläft es sich am Nordrand des Geländes besonders gut, im Zelt unter Bäumen, die von tausenden kleinen Lichtern illuminiert sind. Wer es mal ganz bequem mag, mietet sich in die praktischen, umgebauten Schiffscontainer-Zimmer des Flexotels auf dem Gelände ein, da kann man mal die Tür hinter sich zumachen. Denn morgen ist ein neuer Sziget-Tag. Es gibt noch so viel zu entdecken.

Crazy Tracht

zack, bumm

es regnet, es regnet

Holy sh**

SZiGET
PRESS
Holy ghost!
PASSPORT
SZiGET

SZIGET
10–17 AUGUST 2015
SZIGET
ISLAND OF FREEDOM
VOLT
BALATON SOUND
GYEREK SZIGET
FESTIPAY KÁRTYA
FESTIPAY CARD
1830 1987 0114
HE SUDAKA

HIGH-ENERGY-STUDENTENFUTTER

für 450 g

Süß-fruchtig und knackig nussig, mit exotischen Trockenfrüchten und gemischten Nüssen – so geht Studentenfutter heute: *50 g getrocknete Mangostreifen* und *50 g getrocknete Ananas* mit einer Schere in Stückchen schneiden. Mit *50 g getrockneten Cranberrys*, *100 g gesalzenen (!), gerösteten Erdnüssen*, *100 g gemischten Nüssen*, *50 g Sojakernen*, *50 g Sonnenblumenkernen* und *50 g Kürbiskernen* mischen.

Getrocknete Kokosnuss und geröstete Pinienkerne sind eine prima Ergänzung.

AVOCADO „TIJUANA"

für 4 Personen

2 Avocados halbieren, Stein entfernen, Fruchtfleisch kreuzförmig einschneiden. Mit Saft von *½ Zitrone* oder *1 Limette* beträufeln, salzen (am besten mit grobem *Salz* oder Fleur du Sel, das knuspert schön!) und mit *Tabasco* (wahlweise Chili oder Pfeffer) nach Geschmack schärfen. *Mit Taco-Chips* servieren. Super auch zur Grillparty!

Vor dem Servieren mit etwas frisch gehacktem Koriander bestreuen.

FEINSCHMECKER-DOSENFISCH „DIE WUCHT“

für 2–4 Personen

1–2 Fischdosen (Sardine oder Makrele) öffnen, Sud abgießen. Fisch mit *Zitronensaft* besprenkeln, *pfeffer*n und mit gutem *Olivenöl* beträufelt zu *Vollkornbrot oder Pumpernickel* servieren.

GASPATXO EL RAVAL

für 4 Personen

Je 1 gelbe, rote und orangfarbene Paprika mit dem Sparschäler schälen, entkernen und ⅓ der Paprikaschoten fein würfeln. *1 Bio-Salatgurke* schälen, und ⅓ fein würfeln. Das nicht gewürfelte Gemüse im Mixer mit *4 grob gewürfelten Tomaten*, *½–1 roten Pfefferschote*, *2 Toastbrotscheiben* ohne Rinde, *4 EL Olivenöl*, *2–3 TL Weißweinessig* und *1 Prise Zucker* pürieren. Mit *Salz* würzen. Kalt stellen. Gemüsewürfel salzen und unterrühren. *40 g geröstete Rauchmandeln* grob hacken und vor dem Servieren über die Gaspatxo streuen.

Die vorbereitete Gaspatxo schmeckt eisgekühlt aus der Thermoskanne, kann aber auch eingefroren werden. Mandeln separat mitnehmen.

HUMMUS MIT FLADENBROT

ZUTATEN

für 4 Personen

1 Dose Kichererbsen (400 g EW)

1 EL Tahin (Sesampaste)

½ Zitrone

½ Knoblauchzehe

Salz

Piment d'Espelette (wahlweise Chiliflocken)

4–6 kleine Tomaten

4–6 Snack-Paprika oder 1–2 Paprikaschoten

½ Gurke

Olivenöl

Paprikapulver (optional)

Fladenbrot

Im Orient gibt es die Kombi schon zum Frühstück: Cremiger Hummus mit frischem Gemüse ist ein perfekter Snack für unterwegs und kann eine Mahlzeit ersetzen. Beim Grillen schmeckt er als Beilage zu gegrilltem Lamm (S. 110) oder Gemüsespießen (S. 82).

ZEIT

Zubereitungszeit: 15 Minuten

ZUBEREITUNG

Kichererbsen abgießen, abtropfen lassen und mit Tahin, Zitronensaft, Knoblauch und 1–2 EL Wasser im Mixer cremig pürieren. Hummus mit Salz und Piment d'Espelette mild abschmecken.

Gemüse lauwarm waschen. Tomaten vierteln, Paprika entkernen und in Streifen schneiden, Gurke in Scheiben. Hummus mit Öl beträufeln, mit etwas Paprikapulver bestreuen und mit dem Gemüse zu Fladenbrot servieren.

Hummus lässt sich gut vorbereiten und hält gekühlt mehrere Tage.

Besonders gut schmeckt es, wenn das Fladenbrot über Feuer oder auf einem Grill knusprig angewärmt wird.

Hummus mit Fladenbrot

„FETTES BROT“ ♪ ⑩

ZUTATEN
für ca. 16 Fette Brote

50 ml Vollmilch (+ 2 EL Milch)
3 Eier (M)
30 g Zucker
½ Würfel Hefe
60 g Butter in Würfeln
400 g Mehl (+ Mehl zum Verarbeiten und Formen)
50 g Vollkornweizenmehl
1 gestrichener TL Salz
16 Mini-Cabanossis (à ca. 30 g und ungefähr 10–12 cm Länge)*

* Die Versuche mit Salami waren unbefriedigend, spätestens nach dem Backen waren alle Proben zu hart. Die saftigen Cabanossis brachten dann die richtige Würze und den besten Biss für das original Fette Brot!

Diese Mini-Salamis im Brotmantel, den Lieblingssnack aller Fernfahrer und Weitreiser, den könnte man doch bestimmt auch lecker selbst machen? Diese Frage stellte mir mein lieber Freund Hoschmeista auf dem Weg zum Summerjam-Festival an einer Raststätte. Einen schönen Namen hatte er dafür auch gleich noch. Der Hoschmeista, er lebe hoch!

ZEIT

Zubereitungszeit: 30 Minuten (plus 90 Minuten Ruhezeit und 30 Minuten Backzeit)

ZUBEREITUNG

200 ml lauwarmes Wasser mit Milch, 2 Eiern und Zucker in einer Schüssel glatt rühren. Hefe reinbröseln und unter Rühren auflösen. Butterwürfel, Mehl, Vollkornweizenmehl und Salz zugeben und in der Küchenmaschine 10 Minuten kneten. Teig zugedeckt bei Zimmertemperatur 90 Minuten gehen lassen.

Teig auf einer bemehlten Fläche in 16 Stücke à ca. 60 g teilen. Jedes leicht rechteckig ausrollen, 1 Cabanossi auflegen. Teig rund um die Wurst verschließen, die Nahtstellen zudrücken. Auf 2 mit Backpapier ausgelegte Bleche verteilen. Den Ofen auf 175 Grad vorheizen. 1 Ei mit 2 EL Milch verrühren und die Brötchen damit bestreichen.

Die Brötchen auf den Blechen nacheinander im heißen Ofen auf der mittleren Schiene 25–30 Minuten goldbraun backen.

Die Fetten Brote halten in luftdicht verschließbaren Boxen 2–3 Tage frisch, werden jedoch meistens schon kurz hinter der Stadtgrenze des Heimatortes unter allen Reisenden aufgeteilt. Sie lassen sich auch einfrieren, werden dadurch aber etwas trockener.

Fettes Brot

Puszta-Bällchen mit Schafskäse-Kern und Paprika-Dip

PUSZTA-BÄLLCHEN MIT SCHAFSKÄSE-KERN UND PAPRIKA-DIP

Die Frikadelle ist wahrscheinlich der Deutschen liebster Reiseproviant, noch vor hart gekochten Eiern und Butterstullen. In dieser Version erfährt der reisetaugliche Snack Aufwertung durch würzige Schafkäse-Füllung und hausgemachten Paprika-Dip.

ZEIT

Zubereitungszeit: 40 Minuten

ZUBEREITUNG

Für die Bällchen: Schalotten und Knoblauch pellen, fein würfeln und zum Hackfleisch geben. Salzen und mit den Gewürzen und dem Ei zu einem glatten Teig verkneten. Aus dem Hackfleisch 20 Bällchen formen, leicht flach drücken, Schafkäse-Würfel mittig positionieren. Hackfleisch um den Schafkäse-Würfel schließen und rund rollen. Bällchen zugedeckt im Kühlschrank 2 Stunden ruhen lassen.

Inzwischen den *Paprika-Dip* zubereiten: Paprika in einem Sieb abtropfen, dann im Mixer oder mit dem Schneidstab mit Knoblauch, Peperoni, Toastbrot und Olivenöl pürieren. Mit Essig, Zucker, Salz und Pfeffer abschmecken. In Gläser füllen und kaltstellen.

Die Bällchen in einer Pfanne in heißem Öl bei mittlerer Hitze in 12–15 Minuten braten. Abgekühlt mit auf die Reise nehmen. Mit dem Dip servieren.

ZUTATEN

für 20 Bällchen

Für die Puszta-Bällchen

2 Schalotten

1 Knoblauchzehe

500 g Rinderhackfleisch

Salz

Pfeffer

1 TL Bohnenkraut

1 EL Paprikapulver, edelsüß

1 Msp. Chiliflocken

1 Ei (M)

20 Schafkäse-Würfel (ca. 150 g Schafkäse)

4 EL Öl zum Braten

Für den Paprika-Dip

1 Glas gegrillte Paprika (320 g EW)

1 kleine Knoblauchzehe

2 eingelegte grüne Peperoni

2 Scheiben entrindetes Toastbrot

4 EL Olivenöl

1–2 TL Rotweinessig

1 Prise Zucker

Salz

Pfeffer

Gekühlt halten sich die Bällchen 2–3 Tage, der Dip bis zu 1 Woche. Fladenbrot am besten unterwegs oder vor Ort frisch kaufen.

Mit frischen Basilikumblättern und Weißbrot servieren! Bällchen und Dip schmecken toll auch zum italienischen Reissalat (S. 116), zu Nudelsalat (S. 77) oder Pellkartoffelsalat (S. 73).

ENERGIEBÄLLCHEN AKA CAMPER-KONFEKT

ZUTATEN
für ca. 30 Stück

50 g geröstete, gemischte Nüsse (z.B. Erdnüsse, Haselnüsse)
50 g Cashewkerne
50 g Kürbiskerne
500 g gemischtes Backobst
100 g Lieblings-Müslimischung
80 g kernige Haferflocken
50 g Honig
50 g Ingwersirup (aus dem Asialaden, wahlweise Ahornsirup)
200 g Aprikosensaft
Saft von 1 Zitrone

Zum Wälzen
Kokosraspeln
gehackte Pistazien
gehackte, gemischte Nüsse

Energiebällchen sind ja eigentlich das Grauen, werden gerne mehr im Mund, pappig wie Müsli ohne Milch und schmecken meistens, naja, gesund eben. Schluss damit. Die folgenden Energiebällchen sind vor allem: fruchtig, bringen verbrauchte Energie sofort zurück und sättigen angenehm. Dazu locker und zart im Biss, man wird schnell süchtig. „Und alle so: Yeah!“[11]

ZEIT

Zubereitungszeit: 20 Minuten (plus 1 Stunde Ruhezeit)

ZUBEREITUNG

Erst die Nüsse und Kerne, dann das Backobst in der Küchenmaschine klein hacken und in einer Schüssel mit Müsli, Haferflocken, Honig, Ingwersirup, Aprikosensaft und Zitronensaft verkneten. Zugedeckt 1 Stunde ziehen lassen.

Hände mit Wasser besprenkeln und aus der Masse ca. 30 Bällchen à 35–40 g formen. Die Bällchen wahlweise in Kokosraspeln, gehackten Pistazien oder gehackter Nussmischung wälzen.

Die Bällchen kühl und trocken in mit Backpapier ausgelegten Frischebehältern mit auf die Reise nehmen. Die Bällchen halten so mehrere Tage lang und sind sehr sättigend.

Die Bällchen sind vegan, wenn man statt Honig Zuckerrübensirup verwendet.

Energiebällchen aka Camper-Konfekt

FISCHERBOOTE, PINIEN, CALAMARES…

DIMENSIONS

DJ Culture, Techno, House, Minimal, Electro, Garage, Dubstep, Drum 'n' Bass, Dancehall, Dub und Dance

LAGE: *Pula, Kroatien*
TEILNEHMER: *~15.000*
DAUER: *5 Tage*
BANDS: *~180*

MEER

KROATIEN

DIMENSIONS FESTIVAL

SONNE, STRAND, MEER. DUFT NACH WACHOLDER UND SONNENÖL. DER KLANG DER WELLEN. UND DANN SETZT DER BASS EIN…

DIMENSIONS

*Tage am Meer. Urlaubsträume. Ferien.
Die Sonne steht hoch und wärmt und tanzt funkelnd
auf dem Wasser. Der Klang der Wellen. Und dann setzt
der Bass ein. Sommerglück.*

Träume ich vielleicht nur, hier am Ende unserer Reise? Der treue Bus parkt in einem sonnendurchfluteten Hain zwischen Pinien und Aleppokiefern, es riecht nach Myrte, Wacholder und Sonnenöl, zu den weißen Felsen am Strand sind es nur ein paar Schritte, zwischen den Bäumen glitzert das grünblaue Meer, glasklar und erfrischend.

Verlassene Fischerboote dümpeln in der Mittagssonne, der Geschmack von Meersalz liegt in der Luft und der Duft von gegrillten Calamares mit viel Knoblauch. Von der Beachbar am anderen Ufer der Bucht fliegt ein ruhiger, pulsierender Bass übers Wasser. Gestern Abend waren wir drüben in Pula, sahen die Eröffnungskonzerte im berühmten Amphitheater, dem Wahrzeichen der alten Adria-Stadt, in das schon zu Römerzeiten über 20.000 Menschen passten.

Heute wieder volles Haus, und statt Brot und Spielen: Beats und Sounds in der Arena, ein Gänsehautabend, in grandioser Kulisse. Später, heute Nacht, werden wir wieder tanzen, zu House und Trance, zu Techno, Dubstep und Jungle, die Dancefloors und Stages befinden sich in und um das ebenfalls historische Fort Punta Christo, eine mächtige Wehranlage, eine Burg, viel Bass. Unendlich schöne Licht-Installationen, Laser schneiden majestätisch durch den weiten Sternenhimmel.

Die Tage aber gehören dem Meer, dem Strand und einem kostbaren Gut: Zeit! Der Campingplatz Brioni ist ein 3-Sterne-Refugium für Urlauber: In der Sonne liegen, chillen, kochen, schwimmen, grillen, den ganzen Tag, Hauptsache: eincremen nicht vergessen. Einen frühen Drink an der Strandbar unter Palmen vielleicht, dort spielt eine neue Band. Oder eine Runde Ćevapčići zum Mittagessen in der Konoba, mit Meerblick und Handy aufladen. Oder doch schon in See stechen, mit einem der Partyboote, die die Abendsonne vergoldet. Entscheidungen treffen oder liegen bleiben, egal, hier ticken die Uhren anders. Hier wird viel gechillt, spät gefeiert, dann aber die ganze Nacht. Die Menschen sind freundlich und entspannt, so entspannt, wie man eben ist, wenn man realisiert, dass der Festivalaufenthalt einen Sommerurlaub inkludiert.

Auch das kulinarische Angebot ist paradiesisch: riesige gekühlte Wassermelonenschnitze von einem der vielen Obststände, eine eigene kleine Bäckerei auf dem Campingplatz und immer frische Eiswürfel aus dem Minimarkt auf dem Gelände. Futter für den Kopf gibt es jeden Abend in der offenen *Knowledge Arena*, in der sich Stars und Legenden der elektronischen Musik zum Stelldichein mit den Fans treffen, von ihrer Arbeit erzählen und Publikumsfragen beantworten, bevor sie wenig später auf die Bühne steigen. Die Lichter gehen an, der mächtige Bass setzt ein, die Nacht kann beginnen.

Bammmm

Splash girl

Von jetzt ab ist mir ganz offiziell alles egal!

You're so ...

„REICH MIR DEIN GLAS, ES KÖNNTE VOLLER SEIN"♪⑫ – RICHTIG TRINKEN!

Gerade wenn ordentlich, viel und eventuell ein paar Tage hintereinander gefeiert wird, sollte ebenfalls ordentlich getrunken werden, und zwar auch Wasser! Unterwegs und auf Reisen, bei erhöhter körperlicher Betätigung im Freien und wenn gefeiert wird, ist es besonders wichtig, das Wassertrinken nicht zu vergessen.

WASSER ist schwer und braucht Platz. Dennoch sollten, gerade im Sommer, mindestens zwei Liter Trinkwasser pro Person und Tag eingerechnet werden. Wer das **Schichtkühlsystem (S. 19/20)** nutzt, hat auf jeden Fall schon Wasser an Bord, das auch schön kalt ist und zusätzlich eine Funktion als trinkbares Kühlelement erfüllt (hat). Darüber hinaus empfiehlt es sich, unterwegs **Trinkwasser** zuzukaufen, am besten vor Ort, wenn möglich. Seriöse Campingplätze und die meisten Festivals bieten zudem **freien Zugang zu Trinkwasser**. Zum **Waschen und Spülen** empfiehlt sich die Anschaffung eines platzsparenden **Faltkanisters oder Wassersacks** mit Zapfhahn. Wasser aus diesen Kanistern ist allerdings schnell nicht mehr zum Trinken geeignet, da die dicken Plastikhüllen, gerade bei Sonneneinstrahlung, ungesunde Stoffe ausschwemmen können. Das Wasser sollte regelmäßig frisch aufgefüllt werden.

SÄFTE & SOFTDRINKS sind alkoholfreie Alternativen mit Geschmack, aber selbst im Tetrapak oder als Dose nicht gerade Leichtgewichte. Überlegt deshalb genau, was alles mit soll, beispielsweise auch Säfte, Limonaden und Softdrinks für Cocktails. Platz- und gewichtsparend sind die **hausgemachten Limonaden** von Seite 194 und 197, die wie Sirup verwendet werden und mit Mineralwasser und Wasser, aber auch mit Sekt, Tonic etc. verlängert werden können.

TEE ist super für unterwegs! **Teeblätter und Teemischungen** wiegen fast nichts, sind sehr ergiebig und unkompliziert auf dem Campingplatz zuzubereiten. Am besten kocht ihr immer eine große Menge für alle vor und genießt den Tee den ganzen Tag lang auch kalt und auf Eis, nach Geschmack verfeinert mit **Limette, Zitrone, Zucker oder Honig**.

BIER: Hier geht es um **Geschmack, Gewicht, Platz und die Umwelt**. Ein Kasten Bier mit Glasflaschen garantiert euch auch unterwegs euer Lieblingsbier in Bestform. Erfahrungsgemäß gibt es dabei aber gerne auch mal Scherben, und die bringen auf Campingplätzen kein Glück. Wer auf **Dosenbier** ausweicht, spart Gewicht und das Bier ist auch schneller gekühlt. Die Umweltverträglichkeit ist ein Diskussionspunkt, doch es gibt neue Erkenntnisse: Das Bundesamt für Umwelt fand 2014 heraus, dass die Ökobilanz der Büchse besser ist als die der Glasflasche – wenn die Dose recycelt wird! Denn das Recycling von Alu verbraucht wesentlich weniger Energie als das von Glas, Aluminium schmilzt bei tieferen Temperaturen. Um einen halben Liter Bier in Glas abzufüllen benötigt man 250 g recyceltes Glas, bei der Dose sind es 30 g recyceltes Aluminium. Nur **Mehrwegglasflaschen**, die nicht recycelt, sondern lediglich ausgewaschen werden, schneiden in der Ökobilanz noch besser ab. Bier in recycelbaren **Pet-Flaschen** liegen bei der Umweltbelastung ungefähr gleichauf mit Glasflaschen, Bier aus Plastikflaschen schmeckt allerdings wirklich schrecklich. In jedem Fall gilt: **Nehmt euer Leergut wieder mit nachhause!**

WEIN & SCHAUMWEIN sind ebenfalls echte Schwergewichte. Überlegt darum im Vorfeld, wieviel ihr tatsächlich benötigt. In der Regel sind **Sekt, Crémant, Prosecco, deutscher Winzersekt** (da gibt es tolle Entdeckungen zu machen!) und vielleicht auch eine Flasche **Champagner** sehr beliebt. Wein braucht man erfahrungsgemäß nicht so viel, ein paar Flaschen **Weißwein oder Rosé** und ein bis zwei Flaschen **Rotwein**, die zur Grillparty oder zu einem besonderen Moment am Abend munden. Keine Angst übrigens vor **Wein in der Box**! Sogenannte **Schlauchweine** sind ideal für Campingausflüge und Festivals, der Wein ist platzsparend in einem Sack mit Zapfhahn in einer schützenden Kartonage verpackt. Und bei diesen Weinen war in den vergangenen Jahren, gerade bei Weißwein und Rosé, eine deutliche Qualitätssteigerung zu erleben. Unkomplizierte, gute, frische Weine im Karton findet man im **Fachhandel oder im Internet** unter den Suchworten: „**Schlauchweine**" und „**Bag in Box Weine**".

AUA. KATER VERHINDERN, KATER LINDERN

Hilfreich: Zwischen zwei alkoholischen Getränken stets ein großes Glas Wasser trinken, dabei immer wieder gut essen und nebenbei snacken – das hält länger frisch und kann einen Kater im Vorfeld halbieren. Ist der Kater erstmal da, hilft wenig wirklich. Am besten: noch ein Mittagsschläfchen, gutes Essen, viel Wasser und Bewegung, schwimmen gehen und den Kater ertränken.

ALKOHOL AM STEUER

Nicht nur weil rund um Musikfestivals gerne und ausführliche **Polizeikontrollen** durchgeführt werden, gilt: Alkohol am Steuer ist hier wie überall sonst auch ein No-Go. Vielleicht zeigt ihr euch als Mitfahrer solidarisch mit dem Fahrer. Das erste gemeinsame Bier auf dem frisch eroberten Campingplatz schmeckt dann umso besser.

Auch das schönste Festival endet mal und wenn ihr nicht mit Bus und Bahn unterwegs seid, sollte zumindest euer Fahrer **bereits am Vortag der Heimreise** mit dem strikten **Ausnüchtern** beginnen, um euch anderntags alle sicher nachhause zu bringen.

Rhabarberlimonade

Zitronenlimonade

Zitronenlimonade

DREI LIMONADEN

RHABARBERLIMONADE

für etwa 1 Liter Limonadensirup

VORBEREITUNG: *1,5 kg Himbeer-Rhabarber* (auch „Rosen-Rhabarber", rosarot, zartstielig) fein stückeln und in einem Topf mit *800 g Zucker*, *100 ml Honig*, dem Saft von *1 Zitrone* und *1 Anisstern* mischen. 3 Stunden ziehen lassen. Dann aufkochen und unter Rühren 20 Minuten offen kochen. Durch ein Sieb passieren, den Saft auffangen. Noch heiß in saubere, heiß ausgespülte Flaschen mit Schnapp- oder Drehverschluss füllen und verschließen.
ZUBEREITUNG: Der abgekühlte Sirup lässt sich nach Geschmack (ca. im Verhältnis 1:4) mit eiskaltem Sprudelwasser auffüllen, aromatisiert kalten Tee oder Sekt.

Mit Eiswürfeln servieren!

ZITRONENLIMONADE

für etwa 1 Liter Limonadensirup

VORBEREITUNG: *4 Stangen Zitronengras* leicht zerdrücken. *500 g Zucker* mit *500 ml Wasser* aufkochen. Ca. *500 g unbehandelte Zitronen* und ca. *100 g unbehandelte Limetten* auspressen. Saft beiseite stellen, die ausgepressten Schalen mit dem Zitronengras zum Zuckerwasser geben und nochmals aufkochen. 4 Minuten kochen. Vom Herd nehmen und den Fruchtsaft unterrühren. Durch ein Sieb passieren, Saft auffangen und noch heiß in saubere, heiß ausgespülte Flaschen mit Schnapp- oder Drehverschluss füllen und verschließen.
ZUBEREITUNG: Der abgekühlte Sirup lässt sich nach Geschmack (ca. im Verhältnis 1:4) mit eiskaltem Sprudelwasser auffüllen, aromatisiert kalten Tee oder Sekt.

Mit frischer Minze, auf Eis und mit frischen Limetten- oder Zitronenscheiben dekoriert servieren.

ROTE BEERENLIMONADE

für etwa 1,2 Liter Limonadensirup

VORBEREITUNG: *500 g Zucker* mit *500 ml Wasser* 5 Minuten kochen. *1 kg gemischte Beeren (TK)* zugeben und weitere 3 Minuten kochen. Den Saft von *½ Zitrone* und *1 EL Rotweinessig* unterrühren und den Sirup durch ein Sieb passieren. Noch heiß durch ein Sieb passieren, den Saft auffangen und noch heiß in saubere, heiß ausgespülte Flaschen mit Schnapp- oder Drehverschluss füllen und verschließen. ZUBEREITUNG: Der abgekühlte Sirup lässt sich nach Geschmack (ca. im Verhältnis 1:4) mit eiskaltem Sprudelwasser auffüllen, aromatisiert kalten Tee oder Sekt.

Mit frischen Beeren und Minze dekoriert auf Eis servieren.

Die Sirupe halten gekühlt 1–2 Wochen – allerdings werden sie selten so alt. Einmal geöffnet sollten sie weiterhin gekühlt werden und in 2–3 Tagen ausgetrunken sein.

Rote Beerenlimonade

Zeltplatz-Limo

ZELTPLATZ-LIMO

Meine hausgemachte Limo enthält nicht nur viel frische Zitrone, Limette, Minze und Zitronengras, sondern auch Thymian und Rosmarin – sie bekommt dadurch Tiefe, Würze und noch mehr Geschmack. Eisgekühlt der Frische-Kick!

ZEIT

Zubereitungszeit: 10 Minuten (plus Abkühl- und Ziehzeit, ca. 40 Minuten)

ZUBEREITUNG

Zitronengras mit dem Zelthammer zerdrücken. Zitronen und Limetten in dicke Scheiben schneiden. 2 l Wasser mit Zucker und Honig aufkochen. Zitrusfrüchte, Zitronengras und alle Kräuter zugeben. Aufkochen und 1 Minute kochen. Beiseitestellen und vollständig abkühlen lassen, erst dann durch ein Sieb gießen.

ZUTATEN

für 4–6 Personen

6 Stangen Zitronengras (optional)
3 unbehandelte Zitronen
2 unbehandelte Limetten
100 g Zucker
4 EL Honig
1 Bund Minze
2 Zweige Rosmarin
4 Zweige Thymian

Es lohnt sich, die Limo erst am Zielort zu kochen, so schleppt ihr kein „Wasser" durch die Gegend. Im Campingurlaub ist es eventuell möglich, alle Zutaten frisch auf dem Markt oder im Supermarkt zu besorgen. Wer doch zuhause vorkochen will, nimmt die kalte Limo in der Thermoskanne mit.

Limo mit frischer Minze, auf Eiswürfeln und mit frischen Limetten oder Zitronenscheiben dekoriert servieren.

„WATERMELON MAN" (13) – MIT SCHWIPPS & PRICKEL

ZUTATEN

für 4–6 Personen

1 kalte Wassermelone

Saft von 1 Zitrone

2–4 EL flüssiger Honig

ca. ½ Flasche eiskalter Sekt (wahlweise Crémant oder Prosecco)

Eine kühle süße Wassermelone an einem heißen Sommertag ist eine Erfrischung, die kein Rezept braucht. Nur drei weitere Zutaten rücken die Melone allerdings in den Mittelpunkt jeder Zeltplatz-Party – ein Spritzer Zitronensaft, Honigsüße und eiskalter Sekt. Bei unserer Tour gab's eine Spontan-La-Ola!

ZEIT

Zubereitungszeit: 10 Minuten

ZUBEREITUNG

Oben an der Melone einen Deckel abschneiden, auf der anderen Seite für einen sicheren Stand den Boden dünn und gerade abschneiden, die Melone muss dabei geschlossen bleiben. Fruchtfleisch in möglichst großen Stücken herausschneiden oder löffeln und würfeln.

Melonenfleisch mit Zitronensaft besprenkeln, mit Honig überziehen, kurz durchmengen und wieder zurück in die Melone geben. Erst direkt vor dem Servieren das Fleisch mit Sekt schäumend übergießen. Fruchtstücke mit Gabeln aufpicken, den verbleibenden Saft in Gläsern oder Bechern aufteilen.

Die Melone sollte gut gekühlt sein. Entweder eine gekühlte Melone unterwegs oder vor Ort kaufen oder eine mitgebrachte Melone für einen halben Tag im Schichtkühlsystem (S. 19/20) einkühlen. Alternativ kann auch das Fruchtfleisch gewürfelt und im Zipper-Beutel oder in einer Schüssel auf Eiswürfeln und in einer Kühltasche oder Styrobox gekühlt werden, das geht recht schnell. Am Meer oder anderen Gewässern ist ein Einkaufsnetz hilfreich, mit dem die Melone in Ufernähe ins hoffentlich kühle Wasser gelassen werden kann. Vertäuen nicht vergessen!

„Watermelon Man“ – mit Schwipps & Prickel

BLOODY MARY

für ca. 0,75 ml (4–6 Gläser)

500 ml Tomatensaft mit *250 ml Sangrita picante*, *1 Spritzer Worcestershiresauce*, *1 EL Zitronensaft*, *1 TL Zucker*, *Salz* und *etwas schwarzem Pfeffer* würzen. 1–2 Stunden, am besten über Nacht, stehen lassen und kühlen.
SERVIEREN: Pur oder über Eiswürfel. Soll Wodka dazu, wird im Verhältnis 1:5 gemischt.
DAZU: Staudensellerie-Palme, grüne Oliven, Knabberkram.

Die Bloody Mary wahlweise in der Thermoskanne mitführen oder on the road frisch zusammenrühren.

bloooody, yeah!

ZUGABE!

Auf den nächsten Seiten ein paar echte Leckereien, die wir von Festivals mitgebracht haben, kulinarische Souvenirs, Erinnerungen zum Nachkochen und Genießen. Und nicht zuletzt: alle Hits! Die Top 5 der meistgekochten Festivalküchenklassiker – und wie sie tatsächlich schmecken können! Pimp my Dosenravioli!

Chicken Yassa

CHICKEN YASSA

Niemand macht so gutes Chicken Yassa wie Familie Barry. Jedes Jahr besuche ich ihren Stand „Mos Dolly" auf dem SUMMERJAM-FESTIVAL mindestens zweimal und genieße die westafrikanische Spezialität, die ursprünglich vor allem in Ghana und im Senegal zuhause ist: zartes Hähnchen in cremiger Zitronen-Senf-Sauce, serviert mit Reis oder Couscous. Nach jahrelanger Geschmacksspionage habe ich mich an eine Heimwerkerversion gewagt – das Original gibt es nur beim Summerjam!

ZUTATEN

für 6–8 Hähnchenkeulen

6 Hähnchenschenkel (vom Metzger am Gelenk einmal halbiert)

1 EL Butterschmalz

2 große Gemüsezwiebeln

150 g Weißkohl

2 Möhren

2 Lorbeerblätter

1 Msp. Chiliflocken oder etwas Cayennepfeffer

Salz

1 TL Zucker

600 ml kräftige Hühnerbrühe

2 Knoblauchzehen

20 g Ingwer

2 EL scharfer Senf

3 EL Honig

1 gestrichener TL Kartoffelmehl oder Speisestärke

1 unbehandelte Zitrone

ZEIT

Zubereitungszeit: 40 Minuten

ZUBEREITUNG

Die Hähnchen-Schenkel in einem beschichteten Topf im Butterschmalz rundum goldbraun braten. Währenddessen Zwiebeln pellen und grob würfeln, Weißkohl grob würfeln. Möhren schälen und in Scheiben schneiden. Hähnchenkeulen herausnehmen und beiseite stellen. Gemüse im Bratfett hellbraun braten. Mit Lorbeer, Chili, Salz und Zucker würzen, mit Brühe auffüllen. Hähnchenschenkel wieder zugeben. 25 Minuten schmoren, dabei das Fleisch zweimal wenden.

Inzwischen Knoblauch pellen, Ingwer schälen und beides fein hacken. Mit Senf, Honig und Kartoffelmehl oder Stärke verrühren. Zitronenschale fein abreiben und unterrühren. Zitrone auspressen und den Saft unterrühren.

5 Minuten vor Ende der Garzeit die Zitronen-Senf-Würzpaste unterrühren. Das fertig geschmorte Huhn nach Geschmack mit Salz und Chili nachwürzen und servieren.

Für die Reise lässt sich das Gericht einfrieren und kann dann im Schichtkühlsystem (S. 19/20) integriert werden, so hält es 2–3 Tage. Couscous oder Minutenreis sollten frisch nach Packungsanweisung zubereitet werden.

Dazu passt Couscous oder Minutenreis. Das Yassa kann nach Geschmack noch mit Chili geschärft werden. Nicht original, aber sehr lecker dazu: etwas frisch gehackter Koriander, der vor dem Servieren über das Gericht gestreut wird.

JERK CHICKEN

ZUTATEN

für 6–8 Hähnchenkeulen

4 Frühlingszwiebeln

2 Knoblauchzehen

2–4 rote Pfefferschoten

1 EL Mangochutney (optional)

2 Zweige Thymian

1 Msp. Muskatnuss

1 Msp. Zimt

1 Msp. Nelkenpulver

1 Msp. geräuchertes Paprikapulver Pimentón de la Vera (optional)

50 ml Barbecuesauce

100 ml Tomatenketchup

1 Spritzer Sherryessig (wahlweise Weißweinessig)

6–8 Hähnchenkeulen

Salz

Die besten Jerk-Chicken-Grillmeister finden sich auf Jamaika, in New York und London. Und einmal im Jahr in Köln am Rhein beim Summerjam-Festival. Die karibische Spezialität wird dort in zu Grills umfunktionierten Tonnen über roter Glut zubereitet, die im unteren Teil der längs halbierten Tonne glimmt. Ein unvergleichlicher Geschmack!

Am Seeufer zu Köln gibt sich der alte Jamaikaner mit den elegant ergrauten Dreadlocks seit Jahren wortkarg, während er die duftenden Hähnchenteile im Rauch wendet, „sorry, man", die Jerk-Chicken-Marinade ist ein geheimes Familienrezept. Meines verrate ich gerne.

ZEIT

Zubereitungszeit 40 Minuten (plus Zeit zum Marinieren)

ZUBEREITUNG

Frühlingszwiebeln grob schneiden, Knoblauch pellen. Pfefferschoten längs halbieren, die Kerne entfernen. Alles im Mixer mit Mangochutney, Thymian, Muskatnuss, Zimt, Nelkenpulver, Räucherpaprika, Barbecuesauce, Ketchup und Essig pürieren.

Hähnchenkeulen mehrfach einschneiden, mit der Sauce marinieren und im Kühlschrank zugedeckt ziehen lassen, am besten über Nacht. Zum Grillen die Hähnchen zunächst salzen, dann in einer Grillschale auf dem Grill bei mittlerer Hitze und mit Deckel 8–10 Minuten grillen. Wenden und weitere 8–10 Minuten zugedeckt grillen.

Das roh marinierte Hähnchen muss durchgehend sehr gut gekühlt sein und sollte, wenn es mit auf Reisen geht, an dem Tag, an dem es mariniert wird, auch zubereitet werden.

Dazu schmeckt Reis mit roten Bohnen.

Jerk Chicken

KÄSSPÄTZLE

ZUTATEN
für 4–6 Personen

5 Eier (M)
500 g Mehl (Type 405)
Salz
etwas neutrales Pflanzenöl
1 Zwiebel
2 EL Olivenöl
50 ml Weißwein
250 ml Hühnerbrühe
200 ml Schlagsahne
100 g fein geriebener Allgäuer Bergkäse
1–2 TL Röstzwiebeln pro Person
Pfeffer

Die Spätzle halten gut gekühlt im Campingkühlschrank oder im Schichtkühlsystem (S. 19/20) 2–3 Tage, ebenso die Sahne und der Käse, der am besten als ganzes Stück mitgenommen werden sollte.

Frische Schnittlauchröllchen passen toll dazu! Mit 1 Prise getrocknetem Bohnenkraut und 1 Lorbeerblatt lässt sich die Sauce zusätzlich würzen, ebenso mit etwas Knoblauch nach Geschmack.

Mit Gemüse- statt Hühnerbrühe werden die Spätzle vegetarisch.

Die Überraschung war gelungen, als wir beim Melt-Festival alte Bekannte aus Berlin entdeckten: Mitten im Getümmel auf der Plaza stand das Spätzlemobil von HEISSER HOBEL, *ein alter DDR-Campingwagen, den der Exilschwabe Florian Rohrmoser und seine Partnerin, die gebürtige Französin Myriam Touka, zum Foodtruck umgebaut haben. Ihre frisch gehobelten Spätzle mit Bio-Bergkäse, Röstzwiebeln und Schnittlauch sind nicht nur am Hauptstandort in der Markthalle Neun in Berlin Kreuzberg legendär. Hier mein Rezept für unterwegs, falls die beiden grade mal nicht in der Nähe sind.*

ZEIT

Vorbereitungszeit (Spätzle): 35 Minuten, Zubereitungszeit: 20 Minuten

VORBEREITUNG

Eier mit 150 ml Wasser verquirlen. Mit dem gesiebten Mehl und 1 guten Prise Salz zu einem glatten Teig verrühren. Mit einem Kochlöffel oder der Hand den Teig in der Schüssel mit Greifbewegungen schlagen, bis er eine cremige Konsistenz bekommt und Blasen wirft. Zugedeckt kurz ruhen lassen.

Teig portionsweise mit einer Spätzle-Presse oder -Reibe in kochendes Salzwasser geben. Spätzle 30 Sekunden kochen lassen, dann mit einer Schaumkelle von der Wasser-Oberfläche fischen und in kaltem Wasser abkühlen. In einem Sieb abtropfen lassen und mit etwas Öl vermengen, damit sie nicht kleben. In Zipper-Beutel verpacken und im Kühlschrank aufbewahren.

ZUBEREITUNG

Zwiebel pellen, fein würfeln und in einem großen Topf auf dem Gaskocher im Öl glasig dünsten. Mit Weißwein ablöschen und aufkochen. Mit Brühe auffüllen und 2 Minuten offen kochen. Sahne zugeben. Weitere 2 Minuten offen kochen.

Spätzle zur Sauce geben und unterrühren, einmal aufkochen. Gas ausschalten und die Spätzle zugedeckt 5 Minuten stehen lassen. 50 g Käse unterrühren. Mit Salz würzen, mit dem übrigen Käse anrichten. Mit Röstzwiebeln bestreuen, pfeffern und servieren.

Kässpätzle

Csurgatós kenyér – Speckbrot mit Paprika

CSURGATÓS KENYÉR – SPECKBROT MIT PAPRIKA

Die ungarische Superstulle ist ein Genuss, entdeckt haben wir sie auf dem Sziget-Festival in Budapest. Für die Speckbrote wird Weißbrot in Scheiben geschnitten, geröstet und anschließend mit klein gehackten Tomaten, Zwiebeln und Paprikastreifen belegt. Dicke Speckscheiben werden in einer heißen Eisenpresse über Feuer gebraten, das austretende, aromatische Fett heiß über die Gemüsestullen geträufelt, der krosse Speck dazu serviert. Großartig! Hier die Version für unterwegs und draußen.

ZUTATEN

für 4–6 Personen

3 helle oder grüne Spitzpaprika
3 Tomaten
1 rote Zwiebel
1 Knoblauchzehe
etwas Olivenöl
Salz
Pfeffer
ca. 6–8 Brotscheiben
Paprikapulver, edelsüß
200 g durchwachsener Speck in Scheiben

ZEIT

Zubereitungszeit: 20 Minuten

ZUBEREITUNG

Paprika entkernen und fein würfeln, Tomaten klein schneiden, Zwiebel pellen, halbieren und in feine Streifen schneiden. Knoblauch pellen und fein würfeln, alles mit etwas Olivenöl vermengen, mit Salz und Pfeffer würzen.

Die Brotscheiben halbieren und auf dem Grill (wahlweise in einer Pfanne auf dem Gaskocher) rösten. Die Gemüse darauf verteilen. Leicht mit Paprikapulver bestäuben. Speck in einer Pfanne auf dem Gaskocher bei mittlerer Hitze schmelzen und auslassen. Das Fett aus der Pfanne über die Brote träufeln, den knusprigen Speck stückeln und auf die Brote aufteilen. Sofort genießen.

TIPP: Traditionell werden in der ungarischen Küche mehrere Zentimeter dicke, gitterförmig eingeschnittene Speckstücke von heimischen Mangalitza-Schweinen auf Holzstäbe gespießt und über offenem Feuer gegrillt. Das austretende heiße Fett wird immer wieder auf vorbereitete Brotscheiben geträufelt, bis sich der gegrillte Speck igelförmig zusammenzieht und verspeist wird.

Alle Zutaten sind auch ungekühlt zumindest einige Tage haltbar.

Zu diesem leckeren Snackbrot für zwischendurch passt Salat (S. 62 ff.) oder man serviert es als Beilage fürs Grillfest.

Für eine vegane Variante 4–6 EL Olivenöl mit etwas Paprikapulver und wahlweise 1 Msp. Curry oder Garam Marsala erwärmen und über die Brote träufeln.

PIMP MY ...

1. DOSENRAVIOLI

Glibbschige Dosen-Ravioli in lahmer Tomatensauce belegen Platz 1 der traditionellen Festival-Versorgungsküche – und keiner weiß genau, warum. Mit etwas Würze und einigen Oliven gelingt zumindest so etwas wie die Wahrung kulinarische Restwürde. Dafür die *Ravioli* beim umsichtigen Erwärmen auf dem Gaskocher wahlweise mit ein paar Tropfen *Tabasco* oder einer Prise *Curry* würzen. Etwas *Thymian oder Rosmarin* hilft. Wunder wirken auch: *schwarzer Pfeffer*, die Zugabe von ein paar Tropfen gutem *Olivenöl*, reichlich frisch geriebener *Parmesan*, *Schafs- oder Ziegenkäse* und ein paar *Oliven*. Sehr hilfreich, für Auge und Aroma: frisches *Basilikum*.

bei Verwendung von Ravioli mit Gemüsefüllung

2. KNOBLAUCHBROT

Schlimm, wenn leichenblasse Industrie-Aufback-„Baguettes“, mit sogenannter Knoblauchbutter „verfeinert“, auf dem Grill in Lichtgeschwindigkeit verbrennen. Alles was man eigentlich dazu braucht, *ist richtiges, echtes Baguette*, von einem echten Bäcker und *die Lieblingsbutter aus diesem Buch (S. 67)*. Und dann: das aufgeschnittene Brot ohne (!) Butter bei mittlerer Hitze auf dem Grill oder in der Pfanne knusprig rösten. Heiß mit der Butter bestreichen.

Pimp it, Baby!

3. ASIA-INSTANT-NUDELN

Es soll Menschen geben, die gerne rohe *Asia-Instant-Nudeln* knabbern und dazu die beigelegten Gewürzmischungstütchen auslecken. Kochen nach Packungsanweisung hilft. Und es dauert wirklich keine 5 Minuten, bis die Nudeln serviert werden können. Am besten mit *frischem Gemüse (z.B. Möhre, Lauch, Kohlrabi, Zuckerschoten, Kohlrabi)* zubereiten, das schon zuhause geputzt und in feine Streifen geschnitten wurde. 2–3 Minuten in Salzwasser vorkochen, in kaltem Wasser abkühlen und abgetropft in Zipper-Beuteln einfrieren oder gekühlt mit auf die Reise nehmen. Extrawürze wahlweise oder kombiniert: *Fünf-Gewürzpulver*, *Curry*, etwas *Miso-Paste*, ein paar Tropfen *Sesamöl*, etwas *Sojasauce* und *Chilisauce*, *frischer Koriander* oder 1 Spritzer *Limettensaft*.

Nudeln mit Tomatensauce

4. NUDELN MIT TOMATENSAUCE

Auch unterwegs der Renner: Spaghetti mit Tomatensauce! Auf Campingplätzen leider oft aus dem Industrie-Kombi-Pack mit minderwertiger Teigware, Fertigsaucentüte, Streuwürze und Reibekäse-Imitat. Ich empfehle: Lieblingsspaghetti, hausgemachte und eingekochte Sauce im Glas, frischen Parmesan am Stück. Diese Kombination hält auch ewig – und schmeckt!

ZEIT

Zubereitungszeit: 35 Minuten (plus Zeit zum Abkühlen der eingekochten Sauce)

ZUBEREITUNG

Tomaten würfeln, die Softtomaten fein würfeln. Zwiebeln und Knoblauch pellen, fein würfeln und in einem Topf im Olivenöl glasig dünsten. Tomaten, Softtomaten, Zucker und Tomatenmark unterrühren. Mit Tomatenragout auffüllen, die leere Dose zur Hälfte mit heißem Wasser füllen und zugießen. Lorbeer zugeben. Mit Salz und Pfeffer würzen und offen 5 Minuten kochen. Ofen auf 180 Grad vorheizen.

Lorbeer entfernen, Tomatensauce nur leicht pürieren und noch heiß in saubere, heiß ausgespülte Twist-off-Gläser füllen. Deckel verschließen und die Gläser in eine ofenfeste Auflaufform stellen. Mit kochendem Wasser auffüllen, bis die Gläser dreifingerbreit im Wasser stehen. Im Wasserbad für 20 Minuten in den Ofen schieben. Im ausgeschalteten und geöffneten Ofen komplett auskühlen lassen.

Spaghetti nach Packungsanweisung kochen, mit Sauce vermischen, mit frisch geriebenem Parmesan bestreuen.

ZUTATEN

für 4 Gläser à 250 ml (300 ml Füllvolumen) bzw. 2–4 Mahlzeiten für jeweils 4 Personen

- 500 g reife Tomaten
- 20 g getrocknete Softtomaten
- 120 g Zwiebeln
- 2 Knoblauchzehen
- 5 EL Olivenöl
- 1 EL Zucker
- 2 EL Tomatenmark
- 1 Dose stückiges Tomatenragout (425 g EW)
- 1 Lorbeerblatt
- Salz
- Pfeffer
- Lieblingsspaghetti (80–120 g Rohgewicht pro Person)
- Parmesan am Stück

Die Tomatensauce wurde im Ofen eingekocht und ist jetzt ungekühlt wie Dosenwaren sehr lange haltbar. Die Spaghetti nicht vergessen, den Parmesan am besten am Stück mitnehmen und kühl und trocken lagern.

1–2 rote Pfefferschoten oder etwas frische Chili nach Geschmack mitkochen, das sorgt für Feuer und Würze. Mit dem Lorbeer können zusätzlich 3–4 Zweige Thymian oder 1–2 Zweige Rosmarin mitgekocht werden. Auch klein gehackte grüne Oliven oder ganze Kapern können nach Geschmack mitgekocht werden.

5. BANANEN VOM GRILL

ZUTATEN

für 4 Personen

4 Bananen

400 ml Vanillejoghurt oder Pudding

Dieses sehr einfache Grill-Dessert macht schnell süchtig. Unter der dunkel gegrillten Bananenhaut versteckt sich warmes, zart-cremiges Bananenfleisch, das seinen Geschmack während des Grillens wundersamerweise verdreifacht hat. Dazu gibt es kühlen Vanillejoghurt. Seit ich das mal ausprobiert habe, führe ich immer Bananen mit und sobald der Grill läuft, schwupps ...

ZEIT

Zubereitungszeit: 10 Minuten

ZUBEREITUNG

Die Bananen bei mittlerer bis milder Gluthitze und geöffneter Luftzufuhr 2 x 4 Minuten grillen. Mit gekühltem Vanillejoghurt oder Vanillepudding servieren.

Bananen sind am besten immer vorrätig. Vanillejoghurt gekühlt mit auf die Reise nehmen oder vor Ort kaufen.

Mein Freund Stefan „Stefano" F. aus Hamburg ist Campingprofi. Ich habe viel von ihm, vom Besten, gelernt. Sein Bananen-Grill-Dessert toppt nochmal alles: 4 Bananen flach nebeneinander legen, oben einen 2 cm breiten Streifen Schale rausschneiden, das freigelegte Fruchtfleisch mit 2–3 EL Zitronensaft beträufeln und mit einigen Stückchen Lieblingsschokolade spicken.

Bananen nebeneinander in eine Grillschale oder aufs Grillrost legen und zugedeckt bei mittlerer bis milder Gluthitze 4–6 Minuten grillen.

REGISTER

REZEPTREGISTER

Hinter den Rezepttiteln finden sich Abkürzungen für die im Buch verwendeten, auf S. 10 erläuterten Symbole zur Kennzeichnung von gut vorzubereitenden Rezepten, Rezepten zum Grillen, Rezepten für den Gaskocher und unkomplizierten Open-Air-Zubereitungen.

Bitte beachtet dabei, dass vor Ort zubereitbare Rezepte auch Vorbereitungsarbeiten zuhause erfordern können – sie sind mit mehreren Symbolen gekennzeichnet.

Die einblättrige Pflanze steht für vegetarische Rezepte, -VAR für Rezepte mit vegetarischer Variante/vegetarischem Teilrezept, die zweiblättrige Pflanze kennzeichnet vegane Rezepte, -VAR Rezepte mit veganer Variante/veganem Teilrezept.

G

H

J

K

L

M

N

O

P

Q

R

S

Mit den Arbeiten an diesem Buch hat der Autor vor 30 Jahren begonnen.

ZITATE

1 S. 16
THOMAS D. „RÜCKENWIND"
Helmut Reinhardt (Komposition)
Heinz Kiesling (Bearbeitung)
Brillant Musik Werner Tautz KG
(Originalverlag)

2 S. 32
„MACHT DOCH, WAS IHR WOLLT"
Diese Anleihe an Shakespeare haben mehrere Musiker verwendet. Unter anderem Sportfreunde Stiller im Namen ihrer Demo von 1996.

3 S. 49
„I'M THE FIRESTARTER" ist eine Anspielung auf den Song „Firestarter" von The Prodigy (Album The Fat of the Land, 1997)

4 S. 55
WEIL ES LIEBE IST
Songs mit diesem Titel gibt es eine gute Handvoll. Stellvertretend sei genannt: Joachim Distelmeyer (Komposition und Text),
UMFELD EDITION (Originalverlag)

5 S. 116
VOLARE
Nel blu dipinto di blu
Domenico Modugno (Komposition),
Franco Migliacci und Domenico Modugno (Text)
Curci Edizioni S R L (Originalverlag)

6 S. 123
MITTEN DRIN UND VOLL DABEI
Deutscher Verleihtitel eines Films von Tamra Davis nach einem Drehbuch von Tim Sandlin (USA 2000)

7 S. 132
„GROUND CONTROL TO MAJOR TOM"
Space Oddity
David Bowie (Komposition und Text)
Onward Music LTD (Originalverlag)

8 S. 154
DISKO, DISKO PARTIZANI
Disko Partizani
Stefan Hantel (Komposition und Text)
Edition Essay (Originalverlag)

9 S. 156
„DER ASTRONAUT MUSS WEITER"
Vince Bahrdt, Martin Carl Seth Tingvall (Komposition)
Udo Lindenberg (Text)
Universal Music Publishing GmbH (Originalverlag)

10 S. 176
FETTES BROT
Dieses Rezept ist eine Hommage an die Hamburger Band Fettes Brot.

11 S. 180
UND ALLE SO YEAH!
Unter anderem hat Rebecca Martin 2012 unter diesem Titel einen sehr erfolgreichen Roman herausgebracht (Dumont Buchverlag).

12 S. 190
„REICH MIR DEIN GLAS, ES KÖNNTE VOLLER SEIN."
Im Song „Der letzte Tag" besang Pierre Baigorry aka Peter Fox das zu füllende Glas mit einer Zeile, die Kenner musikalischer Hochkultur an eine ein paar hundert Jahre ältere Liedzeile erinnert.
Pierre Baigorry und David Conen (Text)
Pierre Baigorry, Dirk Berger, David Conen und Vincent von Schlippenbach (Komposition)
Downbeat Records/Warner Music Group (Originalverlag)

13 S. 198
„WATERMELON MAN"
Watermelon Man ist ein von Herbie Hancock erstmals 1962 auf dem Album „Takin' Off" veröffentlichtes Stück. Gloria Lynne schrieb 1964 einen Text zu dem Song.
Unter dem Namen Watermelon Man existiert auch ein Cocktail.

DANK

Ohne all die Menschen, die sich Zeit genommen haben, damit wir unser Buch mit Inhalt füllen konnten, wäre dieses Projekt nicht möglich gewesen. Ganz großes D-A-N-K-E an alle!

DIE CREW – WE LOVE YOU!

Danke an: Stefan Freundt, Volker „Hoschmeista“ Maas und Peter Paul, die mit uns gefahren sind, – und natürlich an Iman Aharchi, Florian Defren, Fabio Haebel, Susann und Daniel Hinz, Nicole Oppelt, Swantje Ronge und Amélie Strauß, die mit uns gefeiert haben – und nicht zuletzt Cathrin Paul, die im Basislager den Überblick behielt. Danke euch allen für die Unterstützung.

DIE CROWD

Wir danken der Festival-Crowd dieses Sommers, der Camper-Gemeinschaft, unseren Zeltnachbarn, allen Köchen und Tresen-Teams, die wir in diesem Sommer kennen lernen durften: Ihr habt euch von uns fotografieren lassen, eure Begeisterung mit uns geteilt, uns eure Geschichten erzählt, mit uns und für uns gekocht – ihr habt dieses Buch bereichert, danke dafür!

FESTIVALS

ACOUSTIC LAKESIDE
www.acousticlakeside.com

DIMENSIONS
www.dimensionsfestival.com

Damo Jones
www.tandempr.co.uk

Andy Lemar
www.dimensionsfestival.com

MELT!
MELT! Festival GmbH & Co.KG
www.meltfestival.de

Tommy Nick
www.gemeinsame-sache.net

ROSKILDE
www.roskilde-festival.dk

FACTORY 92 GmbH,
www.factory92.eu, Christian Holl Buhl, Jan Clausen, Katharina Lange, Josephine Eschment

SUMMERJAM
https://summerjam.de

Sandra Borchardt
Contour Music Promotion GmbH
https://contour-music.de

Fühlinger See Veranstaltungs GmbH
Jutta Hackland
www.fuehlinger-see.com

Andrew Murphy

Peter Schmidt

SZIGET
http://szigetfestival.com

FACTORY 92 GmbH,
www.factory92.eu, Christian Holl Buhl, Jan Clausen, Katharina Lange, Josephine Eschment

REQUISITE & AUSSTATTUNG

PAPSTAR – *papstar.com*

CAMPINGAZ – *campingaz.com/de*

COLEMAN – *coleman.eu/de*

PROJEKT CAMPER – *projekt-camper.de*

WEBER-STEPHEN DEUTSCHLAND GMBH – *www.weberstephen.de*

RICE – *rice.dk*

DIY STOCK, HAMBURG – *diy-stock.de*

BOOTSMANN & TORNADO – *bootsmannundtornado.com*

PRODUKTIONSHILFE & UNTERSTÜTZUNG

Flexotels – *flexotels.com/de*

VONFREUDE Bier – *vonfreude.de*

Stephanie Döring – TVino-Weinladen St Pauli – *tvino.de/weinladen*

Katharina & Kai – Nierstein und Westhofen – EIN WEIN: der liter.

Fabio Haebel – Tarterie St. Pauli – *tarterie-stpauli.de*

Ute Wachendorf & Torsten Goffin

Susanne Hasenjäger (NDR), Jan Schwarzkamp (VISIONS)

Luminarium – *www.architects-of-air.com*

DIE BANDS

Herzlichen Dank an alle Musiker, die uns die Genehmigung zum Abdruck der Fotos in diesem Band gegeben haben!

Augustines

Catfish and the Bottlemen

Charlie Cunningham

Che Sudaka & Rogue (Agents 4 Music)

Dear Reader

Erlend Øye & The Rainbows

Goldie

Mono & Nikitaman

Olympique

TÅRN

Y'AKOTO

TEAM

STEVAN PAUL – *Konzept, Text, Rezepte & Foodstyling*

Geb. 1969, lebt in Hamburg. Der gelernte Koch ist als Rezeptentwickler, Foodstylist und Kochbuchautor für Verlage und Redaktionen tätig. Als freier Autor schreibt er kulinarische Texte und Kolumnen für Magazine und Zeitungen. Seit 2008 betreibt er unter nutriculinary.com eines der meistgelesenen Food-Blogs im deutschsprachigen Raum.

www.stevanpaul.de

DANIELA HAUG – *Fotografie*

Geb. 1963, lebt in Berlin. Studium der Wirtschaftswissenschaften in Bonn und Stuttgart. Mitbegründerin einer Filmproduktionsfirma in London und Berlin. Verantwortet als Producerin zahlreiche internationale Projekte. Publiziert als Fotografin in renommierten Magazinen zu den Themen Food und Reportage und arbeitet für Kunden im Bereich Corporate Publishing.

www.danielahaug.com

MIRIAM STROBACH – *Grafische Gestaltung*

Geb. 1982 in Bayern, aufgewachsen in Hessen und Kärnten, lebt in Wien, hat in Graz Informationsdesign studiert und in Paris die Liebe zur Kulinarik entdeckt. Als Mitbegründerin von Le Foodink konzipiert und gestaltet sie Projekte im Bereich Essen und Trinken.

www.lefoodink.com

ELSE RIEGER – *Lektorat*

Geb. 1970 in Salzburg, deutsche Wahlwienerin. Schätzt an Kochbüchern die Herausforderung, Wissen und Handlungsanweisungen bestmöglich in Worte und Bilder zu kleiden.

IMPRESSUM

Bibliografische Information der Deutschen Nationalbibliothek
Die Deutsche Nationalbibliothek verzeichnet diese Publikation in der Deutschen Nationalbibliografie; detaillierte bibliografische Daten sind im Internet über http://dnb.d-nb.de abrufbar.

1. Auflage

KONZEPT, TEXT, REZEPTE & FOODSTYLING: Stevan Paul

FOTOGRAFIE: Daniela Haug (außer S. 27 M. l., 28 u. l.: Phillip Himburg)

ART DIREKTION & GRAFIK: Miriam Strobach, Le Foodink

LEKTORAT: Else Rieger

PROJEKTLEITUNG BRANDSTÄTTER VERLAG: Elisabeth Stein

PAPIER: Munken Print White 150 g/m²

Wir danken Papstar, Toppits und Campingaz für die Zusammenarbeit und Unterstützung.

Medienpartner:

ISBN 978-3-85033-928-5

Christian Brandstätter Verlag
GmbH & Co KG
A-1080 Wien, Wickenburggasse 26
Telefon (+43-1) 512 15 43-0
Telefax (+43-1) 512 15 43-231
E-Mail: info@brandstaetterverlag.com
www.brandstaetterverlag.com

Designed in Austria, printed in the EU

ROSKILDE
Summerjam
ACOUSTIC LAKESIDE